谨以此书纪念先师诞辰一一〇周年

国家社会科学基金项目“唐长孺读书笔记整理与研究”（19BZS020）阶段性成果

故宫博物院古文献研究所
北京师范大学魏晋南北朝史研究所 编
武汉大学中国三至九世纪研究所

唐长孺回忆录

唐长孺 著　王素 整理

中华书局

图书在版编目(CIP)数据

唐长孺回忆录/唐长孺著;王素整理. —北京:中华书局,2021.7

ISBN 978-7-101-15270-8

Ⅰ.唐… Ⅱ.①唐…②王… Ⅲ.唐长孺(1911~1994)-回忆录 Ⅳ.K825.81

中国版本图书馆CIP数据核字(2021)第131855号

书　　名	唐长孺回忆录
著　　者	唐长孺
整 理 者	王　素
责任编辑	朱兆虎
出版发行	中华书局
	(北京市丰台区太平桥西里38号　100073)
	http://www.zhbc.com.cn
	E-mail:zhbc@zhbc.com.cn
印　　刷	北京市白帆印务有限公司
版　　次	2021年7月北京第1版
	2021年7月北京第1次印刷
规　　格	开本/920×1250毫米　1/32
	印张7¾　插页4　字数80千字
印　　数	1-6000册
国际书号	ISBN 978-7-101-15270-8
定　　价	26.00元

图1：先生1985年返平望在“耕畬艸堂”故宅界石前留影

此系先生在平望西塘街旧宅“耕畬艸堂”地界碑旁留影。旧宅时为镇供销社某单位占用。2019年12月，国家社科基金“唐长孺读书笔记整理与研究”项目组至平望考察，旧宅已然不存，“耕畬艸堂”地界碑亦不知所终矣。

图2：南浔嘉业藏书楼内观

图3：南浔小莲庄

图4：南浔适园仅存石塔

前　言

唐长孺先生（1911—1994），武汉大学教授，近代杰出史家，以魏晋隋唐研究蜚声中外，号称陈寅恪之后第一人①，学界无间言也。然先生涉猎之广，腹笥之富，实不止此。先秦两汉，宋元明清，诗词歌赋，琴棋书画，亦无不精通②。此与先生幼承庭训，少传家学，渊源泓窈相关也。

先生幼名鯫，昵称飞官，尝自号格庐，苏州吴江平望镇人。清宣统三年农历六月九日、公历7月4日，生

① 先生仙逝，史家周一良、田余庆合撰挽联哀悼，文曰："论魏晋隋唐，义宁而后，我公当仁称祭酒；想音容笑貌，珞珈在远，吾侪抆泪痛伤神。""义宁"者，陈寅恪也。"祭酒"，古时最高学府国子监之主管官名，后为学界领袖之代称。

② 参阅王素笺注：《唐长孺诗词集·跋语》，北京：中华书局初印本，2016年4月；北京：中华书局重印本，2016年7月，第155—160页。

于平望镇西塘街之耕畬艸堂。父讳耕馀（亦作耕畬），工诗文，“南社”社员。祖母蒋氏，佚其名；母刘氏，讳蕴玉：皆湖州吴兴南浔镇人。南浔旧有藏书三大家：刘氏嘉业堂、张氏适园、蒋氏传书堂。蒋为传书堂主汝藻之姑母，刘为嘉业堂主承幹之再从妹。

蒋汝藻之传书堂，藏书极精，尝请王国维编撰《传书堂藏书志》①，又尝选宋椠二十种刊刻《密韵楼丛书》。刘承幹之嘉业堂，藏书甚富②，尝先后请缪荃孙、吴昌绶、董康编撰《嘉业堂藏书志》③，又尝选善本刊刻《嘉业堂丛书》与《求恕斋丛书》。先生幼随母氏寓居南浔刘氏小莲庄，小学始返平望就读，平望距南浔五十里，当日可达，往来亦勤，故恒在嘉业、传

---

① 是书王国维自题《传书堂藏书志》，有二种版本，皆名《传书堂藏善本书志》：一据王氏誊清抄本影印者，台北：艺文印书馆，1974 年 12 月；一据王氏自存稿本影印者，北京：国家图书馆出版社，2010 年 9 月。

② 项文惠：《嘉业堂主——刘承幹传》，杭州：浙江人民出版社，2005 年 7 月。另参陆士虎：《中国近代传统藏书楼的绝响——记南浔嘉业堂藏书楼创始人刘承幹》，《书屋》2010 年第 3 期，第 34—39 页。

③ 缪荃孙、董康、吴昌绶：《嘉业堂藏书志》，上海：复旦大学出版社，1997 年 12 月。

书二堂读书。先生兴趣广泛，无书不读，其学问之“童子功”，要皆彼时养成者。

先生系传统士大夫，乡土之情纯笃。然自 1937 年离乡，以迄殁世，其间两次返里，皆仅至平望，南浔近在咫尺，竟未一践其地。何也？1946 年初次返里，时当战后，系先随武汉大学从乐山迁武昌，再从武昌至沪渎省亲，归途始过平望，行色匆匆，未能继至南浔，犹有说也。1985 年再次返里，系先至南京参加苏省六朝史研究会成立大会，会后始赴平望（图 1），时公家事了，更无羁绊，而未能一至南浔，则无从索解。葛剑雄者，南浔人也，尝撰《南浔的魅力》，记儿时见闻甚都，中云其师谭其骧好闻南浔掌故，继曰：“他的好友唐长孺教授是刘承幹的外甥，自幼住在小莲庄，解放后为划清界线，只字不谈刘家，晚年却时时思念南浔。”① 为防瓜李之嫌，或可聊备一说。然乡思之情，实未尝一日或忘。

---

① 葛剑雄：《南浔的魅力》，《葛剑雄文集六：史迹记踪》，广州：广东人民出版社，2015 年 2 月，第 10 页。

先生治史，多逸兴，尠旁骛，言谈忆旧恒有，形诸文字则未闻也。况其暮年，眼力益衰。先生压卷之作《魏晋南北朝隋唐史三论》，系由门生牟发松、冻国栋协力完成。《后记》云：1987年后，“囿于目力，自己写的文稿也不能覆阅，前后重复以及失于照顾、不相衔接者不一而足，更不用说翻检与核对史籍了。”① 门人张泽咸《温故与怀念》记先生1988年10月致渠函云：“视力急剧下降，对我是个沉重的打击。几十年来，我手不释卷，读书已是我生活的主要部分，现在不能看书，难以写作，真是度日维艰。”② 凄凉落寞，不忍卒读。

先生仙逝若干年后，其哲嗣唐刚卯清理遗物，始发见一蓝皮笔记本，半页廿二横行，竖写，都凡五六十纸，皆先生忆旧之文。据余臆测，其写作当始于1993年初。其时《三论》甫出版，先生既不欲再烦门

---

① 唐长孺：《魏晋南北朝隋唐史三论——中国封建社会的形成和前期的变化》，武汉大学出版社，1992年12月，第492页。

② 张泽咸：《温故与怀念》，《魏晋南北朝隋唐史资料》第二十一辑（唐长孺教授逝世十周年纪念专辑），武汉大学文科学报编辑部，2004年12月，第13页。

生代检资料续写历史论著，复不欲整日枯坐无所作为虚度岁时，遂抖擞精神，漫写旧事，消遣愒日，约一二年间蒇事。凡有长短文章十九篇。第十九篇自题《入蜀记》，写从蓝田国师到乐山武汉大学之经历，然文义未竟，即戛然而止①。先是，1990 年，先生患胃癌，手术康复颇佳，皆谓可无虞矣。孰料三年后，是年 10 月，确诊癌病转移。此后住院治疗，回家休养，递互进行。1994 年夏，复住院，至 10 月 14 日，不幸归道山，未再回家。此篇或为先生之绝笔文字②。呜乎哀哉！

---

① 按《入蜀记》后，接为先生手书之 1993 年 8 月 3 日日记。日记皆横写，所用笔墨与此前回忆文字绝不相同，孰先孰后，未敢遽断，存疑待考。

② 论者皆言先生殁前尝撰《跋陆云与兄平原书》文。如张泽咸《温故与怀念》记先生与彼函述 1992 至 1994 年写作计划，有云："特别是 1993 年 9 月 14 日信云：'我最近写《跋陆云与兄平原书》一文，已两易其稿，都没有写好。却无意中纠正和确定了史籍记载中关于二陆历官时间的一些错误。'随信将有关情况写下了近千字的详尽具体说明，条理清晰，决不像重病在身的盲人所为。1994 年 6 月下旬，我去武大，唐师谈及此文，仍说是尚未最终完稿。真可谓生命不息，写作与科研永不休止。"见：《魏晋南北朝隋唐史资料》第二十一辑（唐长孺教授逝世十周年纪念专辑），武汉大学文科学报编辑部，2004 （转下页）

此十九篇忆旧文章，末二篇为《记湘行及国立师范学院》与前揭《入蜀记》，以字数较少，内容较独立，已先附录《唐长孺诗词集》矣①。昔年国师教辅人员众多，而迄无一人撰有回忆文字，先生此“二记”，价值之珍贵自不待言。前十七篇则皆记清末民初南浔、平望旧事，其人物故实，悉为先生所亲历、亲闻，于地方之家族史、民俗史研究，江南之经济史、文化史研究，皆大有裨助，亦决无可疑者。其成文之艰与整理之难，虽不足为外人道，却有不得不言者。

先生之写作，皆凭记忆，因无书检用，亦无眼力检用也。五十年前旧事，人名、地名、书名、剧名，居然极少错讹，固与先生记忆惊人相关，亦与先生恒久

（接上页）年 12 月，第 22 页。冻国栋《唐长孺先生生平及学术编年》1994 年条亦云：“仍坚持写作，继续思考魏晋时期南北学风之问题，考订出陆机、陆云兄弟数十通书信写作之时间。”见：《魏晋南北朝隋唐史资料》第二十七辑（唐长孺先生百年诞辰纪念专辑），武汉大学人文社会科学学报编辑部，2011 年 12 月，第 576 页。亦为未竟之文字。

① 王素笺注：《唐长孺诗词集》附录五、附录六，北京：中华书局初印本，2016 年 4 月；北京：中华书局重印本，2016 年 7 月，第 137—145、146—154 页。按此“二记”，收入本书，皆有所增订，与前书附录者，已不尽相同矣。

回想相关也。然扣盘扪烛，看朱成碧，因眼力不济所致之失误，亦往往难免。先生“二记”成文与整理之艰难，余曩日尝约略提及矣①。而前十七篇成文与整理之艰难，较之“二记”，抑更甚焉②。盖因该十七篇在“二记”之前，系初写，尚无经验也。譬若“干写”情形不少。所谓“干写”，指文中常见空白，有稍存残笔印痕者，有并印痕亦无者，推测系先生目难视物，或以冥思不知笔尖墨已干，或以久写不知笔内已无墨，续写若干字后始发觉，蘸墨再写，因不能覆阅，不知前面文字是否已存纸，只能接写之所致。而此种情形，“二记”较少见焉。他如错书、叠写、衍脱、舛斡，乃至涂窜不当、照应失据等情形，亦远较“二记”为夥③。至如

① 王素笺注：《唐长孺诗词集·弁言》，北京：中华书局初印本，2016 年 4 月；北京：中华书局重印本，2016 年 7 月，第 10—11 页。

② 按前十七篇，唐刚卯若干年前尝初作释读，拟题曰《唐长孺晚年忆旧》，在《平望—新加坡：唐家小史——附：陈嘉庚及林义顺家族资料》摘要刊载（仅数百字）。是书为先生胞弟唐仲孺之新加坡后嗣（唐星海）自编自印，原无出版时间，据内容推测应在 2016 年后。

③ 本书未出“凡例”，盖不易为也。前揭情形，多出注说明。叠写甚夥，则择难以分辨者出注，俾读者能对照图版确定位置也。

《记春台戏及演剧筹款》云："大约净角、老旦大抵为开场戏。"又《记电影及文明戏》云："文明戏大都内容与表演均极低下。"前句"大约"与"大抵"，后句"大都"与"均"，皆嫌重复拖沓，亦属不能覆阅之所致。学人读此，皆须理解也。而先生身心，处兹逆境，仍奋发若此，岂不令后学遽只仰止耶？

2019年12月5日，余率门生韩宇娇先抵嘉善参加会议；9至19日，唐门高弟刘莹率"唐长孺读书笔记整理与研究"项目组，分别从北京（孙晓林、刘涛、黄正建、杨杨、刘莹、米婷婷）、武汉（李文澜、王延武、唐刚卯）、石家庄（孙继民）首途，抵嘉善与余等汇合，由此北上，经南浔、震泽、盛泽、平望、黎里、芦墟、同里诸古镇，至苏州判袂。此行也，几将先生青少年居止游憩之地寻访殆遍，对本书前十七篇文字之最后整理定稿颇有促成之功焉。

余近年视力衰退，不能久于用眼。本书前十七篇文字，尝请责编朱兆虎代为校订，匡正谬误，补苴罅漏，为功大矣哉！牟发松亦提供若干修订意见。书前插图四幅：先生返平望留影，系唐刚卯提供；馀皆为“唐长孺读书笔记整理与研究”项目组采集。本书“人名索引”，则由米婷婷编制。在此一并谨致谢忱！

受业　王　素　谨言

2020 年 9 月上浣于京郊天通苑寓所

目　录

一、叙南浔巨富四象

南浔为浙江大镇，以富称。镇之大富有“四象八 125
牛”之号，而皆不能确指，或以庞、刘、张、邢四姓当之。然邢氏虽富，实不能与他三姓比。余儿时闻祖母蒋为言南浔旧谚云：“顾六公公朱九伯，张家第二我（读若 ngä）三哥（读若 kä）①，培生某某（忘其名）何须拍②，要拍马屁拍子嘉。”我祖母为南浔人，生于咸丰九年（一八五九）己未，南浔之有此谚，当在同治、光绪间，据此则四大家者，顾、朱、刘、张也。

① 此句尝作“仙槎二叔伢三哥”。“仙槎”指邱仙槎，字其梁，南浔邱氏产业开拓者，曾跻身“四象”，后降为“八牛”之一。“伢”，南浔土音读若 ngä，意为“我们”。“三哥”指“四象”之首刘镛，字贯经，因排行第三，时称“刘三东家”。详见下文。

② “培生”即前云“张家第二”者，因排行第二，故有此称。其人名颂贤，号竹斋。详见下文。

“顾六公公”者逸其名①，以丝业致富二百万。二
子：兄某某，弟子嘉②。顾六公公死，二子继其业，数
岁，盈利亦二百万。于是兄弟自计若翁一生所积，弟
兄以数岁获之，以为千万亦易事耳，益恢弘其业。资
不足则贷之他人，贷之钱庄。已而折阅，所负尽家赀
不足偿。然子嘉素豪侠好义，乐助人，以故虽罄其家
所殖产，留南北两巨宅勿取，室人之珠翠饰物亦尚存。
子嘉兄弟抑郁死。子嘉有二子：长曰启安，次曰怡安。
126 其兄无子，以启安嗣。启安居北宅，早岁即鬻之他姓。
南宅左右邻为张与刘，皆巨富，怡安之子太康以十万金
鬻之张石铭，而怡安母氏私蓄亦十馀万金。以故不失为
富家。太康有兄早夭，我外祖颂驺先生小女曰翠保③，

---

① “顾六公公”名福昌，字成之，号春池。原为国学生，后弃学从商，以在南浔邻镇震泽开布店，兼营丝业发家。因排行第六，故称“顾六公公”。

② 顾福昌实有三子：长寿松，字容斋；次寿藏，字子嘉；三寿明，字颂三。均承父业，经营丝业。以寿藏字子嘉者最有声望，曾任上海丝业公所董事长。“兄某某”当即寿松字容斋者。

③ “颂驺先生”即刘安仁。安仁父铉，为“四象”之首刘镛之兄。详见下文。

我母之妹也，亦早夭，从俗冥婚。我父与怡安善，数至其家观旧藏书画。有五代关仝长卷，怡安自夸一卷即可压倒庞莱臣。庞莱臣者亦镇之巨富，藏书画甲于江浙间，有《虚斋名画录》行世，其首为宋徽宗《雪江归棹图》①，然无五代画，故怡安云然。

“朱九伯”者名兰第，亦以营丝业致富，其肆名朱弘茂，居南栅之张王庙桥，亦巨宅也。兰第积资不及百万，而好胜慷慨，凡里有公益事募捐，斥资必与刘、张等，里人以为其富亦相等。兰第死，始知殖产实不
能与刘、张比。子孙众多。民国初，家已贫乏，最后 127
鬻其宅于梅氏。梅氏设梅恒裕丝厂，于诸家为后起。兰第之孙曰叔廉者，娶于蒋氏，我祖母之侄也，数往来余家。鬻宅所得，诸孙分之，叔廉所得不过数千金而已，未数岁亦尽。

“张家第二”者名培生，设张恒和丝行，并为盐

① 宋徽宗《雪江归棹图》原为清宫旧藏，后流出，先为庞莱臣所得（《虚斋名画录》著录），旋归张伯驹（《丛碧书画录》著录），张氏于1949年后捐出，现为北京故宫博物院藏品。庞氏虚斋旧藏书画，北京故宫博物院藏有十八件之多。

商。培生二子，长子某①，生一子曰钧衡，字石铭，于上海置房产甚多，上海地价日高，因大富。石铭好收藏，善本及书画、古钱、古家具甚富。筑园南栅，曰适园。所刻书即名《适园丛书》，为之鉴定作跋者缪小山也②。石铭实不学，颇为人欺，《适园丛书》中有严铁桥所缉魏晋人佚书③，若蒋济《万机论》④、桓范《世要论》等数种，早列于《全三国文》中，实不烦重刻。石铭固不知，缪艺风何至愦愦若此？然如《唐大诏令集》、《国初群雄事略》等，皆仅抄本传世，自张氏刊之而遂为世人所共睹。石铭长子芹伯⑤，能鉴识版
128 本，傅增湘所藏宋本《白氏六帖》，即芹伯所刻以传

---

①“长子某”名宝庆，字质甫。国子监生，捐候选郎中。早卒。

②“小山”一作“筱珊”，即缪荃孙也。荃孙字炎之，一字筱珊，号艺风老人，江阴人，光绪二年进士，晚清著名史家、目录学家、金石学家。

③“铁桥”即严可均，字景文，乌程人。嘉庆五年举人，尝官建德教谕，引疾归。清著名藏书家、文献学家。好辑佚，所辑《全上古三代秦汉三国六朝文》最为学界称道。

④按“若”原作“若若”，众多貌，属上句亦通。如《列子·力命》：“今昏昏昧昧，纷纷若若，随所为，随所不为。”此属下句，当衍一“若”字，径删。

⑤“芹伯”名乃熊。光绪三十一年秀才。著有《芹圃藏书志》。

世。他子曰叔靖①，好古钱。孙珩，字璁玉，精于鉴别书画，解放后任职故宫博物院，“文革”前已癌子死②。石铭所藏有《画中九友》轴，其吴梅村书世所罕见③，以巨值得之。璁玉嗜古好奇，薄明清人手笔，鬻以易颜鲁公《竹山联句》，然颜书真伪实不可知。余家旧藏明人尺牍殆近五百通，其中有薛瑄、王阳明等，我父经商折阅，尺牍并楹联近百轴尽归之石铭，近见上海书画社出版《明清楹联》，其中赵宧光、吕留良、查昇、王澍、祝世禄等诸联并我家旧藏，盖又自璁玉散出者。石铭身后，善本书归于芹伯，书画归于璁玉，古钱归于叔靖，可谓得所。曾不几年，并皆散出，抗战时殆已无存，不知何以如此之速也。

培生次子曰定甫④，生子甚多，长曰便琴（音读如 129

---

① “叔靖”通作“叔驯”，名乃骥，号齐斋，石铭第七子。

② “璁玉”通作“葱玉”，名珩，号希逸，为乃熊弟乃骙（字仲蘋）之子。著名书画鉴藏家，有《木雁斋书画鉴赏笔记》传世。“癌子”不解何意？张珩癸卯（1963）患肺癌去世。

③ “吴梅村”即吴伟业，字骏公，太仓人。明末清初著名诗人，尝仿杜甫《饮中八仙歌》撰书《画中九友歌》。

④ “定甫”名宝善。附贡生，捐户部贵州司郎中。为南浔张家第二代掌门人。

此，不知确为何字)①，其子君谋为瑞士化学博士，一任前中央大学校长②。次曰静江，为国民党元老，荒于色，两足瘫痪不能行③。又次曰澹如，经营商业，佹得佹失④，晚岁丧其资。静江、澹如皆好弈，澹如为其中高手，尝延日本高部道平（时六段）至沪教之⑤，日本棋院曾授澹如及王子晏、陶某三人四段证书⑥。然澹如棋品尚不如王、陶也。君谋虽藉静江力得任中央大学校长，其人与国民党本无关系。相传任校长时，例于周一为纪念会，必背诵孙中山先生遗嘱，君谋诵至

---

① 张宝善生七子，依次为弁群、静江、澹如、墨耕、让之、锦芙、久香。“便琴”当指弁群，下同。静江最著名，为国民党四大元老之一，下文将提及。

② “君谋”名乃燕，号芸庐，国立中央大学第一任校长。事迹详参宁路霞、张文嘉：《民国才子张乃燕》，上海科学技术文献出版社，2011 年 1 月。

③ 事迹详参张建智：《张静江传》，武汉：湖北人民出版社，2004 年 10 月；潘荣琨、林牧夫：《蒋介石的幕僚军师：张静江传奇》，北京：作家出版社，2011 年 1 月。

④ 第二“佹”原作“诡”，笔误径改。

⑤ “时六段”三字原括补于“平至”二字右。

⑥ “陶某”名审安，当时围棋名人，尝编译《东瀛围棋精华》，1929 年由日本东京高桥印刷所印行。此书后改名《东瀛围棋精华录》、《日本近代围棋名局选》，屡经再版。

半，忽忘其辞，他人于台下告之①，始得毕事，一时传为笑谈。未几，为学生所攻击，遂去职，亦缘国民党要人不喜君谋。

“三哥”者刘贯经也。先世本绍兴人，为铜匠，迁
居南浔后开一小铺。贯经始为布店学徒。学徒无工资，
每月仅点心钱若干文，每季有鞋袜钱又若干文，贯经
必节啬有馀以奉母。其后以丝业致富，其丝行曰刘贯 130
记。身后家赀殆近千万。有四子，长曰紫回，诸生，
早卒，无子②。嗣子名承幹③，字翰怡，好藏书，建嘉
业藏书楼（图2），一生刊刻书籍极多，集为《嘉业堂
丛书》及《求恕斋丛书》两种。翰怡亦诸生，好与诸
遗老交，假贷无吝色，凡诸善举，无不竭力，以是稍
耗其资。抗战时，善本书并在上海，其明版以上书悉
归之国民党文化部④，作缘者闻为郑振铎、张詠霓。张

① “人”字与“于”字重叠。

② “紫回”名安澜，镛长子，承继家业。秀才、附贡生。年二十九病卒。详见下文。

③ 承幹父初名安江，改名锦藻，字澄如，镛次子。光绪二十年进士。详见下文。

④ 此句前部，原写“以二十万金”五字，后圈涂，于右（转下页）

以前财政部次长居沪，购书之资，由张氏支付。解放后，他书之在沪者，由王忻夫作缘①，归之复旦大学，价为一元两册，大都为清初人诗文集，多罕见之书。其在南浔藏书楼者无偿归公，稍佳者为浙江图书馆携去，习见之书，闻尚在南浔。

我母与翰怡为再从兄妹。翰怡，余从舅也。余年十
131 馀岁，至藏书楼，翰怡舅氏方与客谈冒辟疆、董小宛事，谓冒鹤亭言小宛墓犹在如皋②，力斥世传小宛入宫，即董鄂氏之妄。余于梅村诗夙能成诵，又曾读孟心史考证③，因以所知参论，并及《过墟志》所说刘三秀事，以为世传三秀为豫王多铎所掠，亦不可信，并杂论明末复社及康熙鸿博诸人事。舅氏大惊异，明

（接上页）改补“其明版以上书悉”七字，以致“其明版”、“上书悉”与前“其资”、“抗战”左部重叠。

①“忻夫”通作“欣夫”，名大隆，号补安，吴县人。尝从金松岑研习国学，又与先生为戚属，故为先生熟知。详见下文。

②“鹤亭”名广生，号疚斋，如皋人。近代文化名人，有《四声钩陈》、《疚斋词论》、《小三吾亭诗文集》、《冒鹤亭词曲论文集》等书行世。辟疆为其先祖。

③“心史”名森，字莼孙，武进人。近代著名明清史家，著述甚丰，有《董小宛考》行世。

日遣人以所刻前后《汉书》、《旧五代史》、《章氏遗书》、杭大宗《订讹丛编》①、《三垣笔记》等书十馀种计数百册相赠。他日，告我外祖颂驺公曰：“长孺少年博览，我宗无是也。”嗣后，每以书贻余。一九六二年余至上海谒舅氏于寓居，告余曰：“我今且八十岁矣，阅刘氏谱无年逾八十者，恐不复能相见。”逾年遂卒②。

翰怡有五子，嫡子訢万，与余少相善。訢万深研戏曲，尤善崑曲，造诣极深。又擅书法。今在上海文史馆任职。

贯经次子锦藻，字澄如（初名安江），以二甲进士
分部主事。汤寿潜有志撰《清朝续文献通考》，澄如得 132
汤氏稿，病其疏略，延客补缉成书。溥仪尚居故宫，澄如以书进呈，赏内阁侍读学士衔。然未刊刻。卒后，翰怡与诸弟刻之。

贯经父辈弟兄三人，长即我外祖颂驺公之祖，次

---

① “大宗”名世骏，号堇浦，别号秦亭老民、智光居士等，仁和人。乾嘉著名学者，著述甚丰，有《订讹类编》、《订讹类编续补》行世。

② 按刘承幹戊戌（1958）已是生不如死。详参：田吉：《刘承幹的一九五八》，《中华读书报》2014 年 4 月 23 日第 7 版。

为贯经父，三早卒。其时家贫，伯仲皆不欲以子继叔氏。叔氏之嫠丧次号于亲友曰：“伯仲皆多子，我夫有犹子多人，而没无嗣续，我且控之三府。”三府者，湖州府通判也，驻南浔。于是亲友议以仲氏之子嗣，叔氏之嫠欲继贯经，仲氏不欲，乃以第四子继。嫠曰：“今虽嗣四保，然四保羸弱，他日所依必以三保。”贯经行三，三保，小字也。四保既娶，果早卒无子。两世孀妇，贯经迎养之，且以澄如为四保嗣。

贯经长子紫回，诸生，与澄如偕赴乡试，澄如是科得举，而紫回在杭寓病，不能入场，竟卒。其姊夫蒋
133 书箴为墓志，言秋暑方炽，紫回已病，于寓中犹强力自课，以致不起，极言科举之害。翰怡即紫回嗣子也。

澄如少子旭沧，以摄影著称，“文革”中死。他子或在美国。

贯经第三子梯青，四子湖涵，庶出也①。少年豪侈。贯经卒，湖涵方数岁，梯青亦不过十馀岁，澄如主家事

① “梯青”名安泩，字渊叔。廪贡生，候选直隶州知州。“湖涵”名安溥，字和盦。国子生，候补道员。均详见下文。

若干年，始分炊，四房各得二百万。翰怡以长孙加二十万，澄如以嫡子，且主家事久，亦加二十万。分炊后三年，梯青设钱庄，亏损，去其产约居其半。其长子曰俨廷，好弈棋，澄如之婿曰邢复玉①，亦好弈，二人延棋师潘朗东于家，然终不能工。少时，梯青为之娶盛宣怀之女，不安于室，数年大归。俨廷母早卒，梯青既续娶，又多媵妾，故俨廷失爱于父。抗战时，居上海，甚潦倒。梯青亦穷乏，澄如诸子及湖涵各赠以二十万金。

贯经少子湖涵，贯经垂卒，嘱我外祖云：“湖保年
幼，以此子累汝。”分炊后，外祖为治其家事。湖涵騃不 134
解事，一切皆我外祖主之。积二十年，滋殖殆至千万。外祖耿介，不受酬。我外祖卒时，遗产仅四万金，澄如时尚在，曰：“颂驺遗赀仅此耶！我以为当不减雨萍也②。”雨萍者，贯经仲兄之子，举人，助贯经治家财，积资数十万，建巨宅于东栅，里人呼为“刘二房”。

湖涵虽騃③，然亦读书，能作大字。平居辄喃喃若

---

①“复玉”名礼铭。出南浔邢氏家族。

②“我以为”三字干写，据印痕残笔补。

③“湖涵”二字干写，据印痕残笔补。

与人语，不接宾客，亲族唯庆吊一往来而已。湖涵一子承桓，游学美国，治化学，得博士学位，遂任教于美某大学，不复归①。湖涵于“文革”前卒。

南浔巨富四象，以旧谚证之，其始为顾、朱、刘、张，顾、朱中落，庞、邢继之。

庞元济字莱臣，其父致富数百万，然不知所以起家者何业②。莱臣，以赈济施巨款，赏举人。藏字画极
135 富③，于上海设龙华纸厂，家益富。莱臣于南浔东栅筑园，名宜园。其时刘氏有小莲庄（图3），张氏有适园（图4），池石花树，高轩曲榭，园林之胜，拟于吴中。小莲庄与适园皆不接游客，而宜园独开放，收门票。南浔初无西医，莱臣设诊所，延西医杨某主之，贫病施诊，以门票所得为诊所稍入。莱臣无子④，以弟清臣

① 刘承桓1948年经香港赴美留学，1980年首次返国，1983年于上海曲园设“刘湖涵教育基金”，2019年又于南浔设“刘承桓·南浔慈孝教育基金”。

② 按庞元济原籍绍兴。其祖某尝于湖南官府任幕僚。父云鏳字芸皋，初为丝行学徒，旋以经营丝业发家，设庞怡泰丝行。后结识“红顶商人”胡雪岩，兼营国药与军火，遂成巨富。

③“藏”前原有“好”字，后圈涂，不录。

④“莱”与前“人。”原重叠。

子为嗣。清臣生而伛偻，少年时入同盟会，屡捐巨资助孙中山革命，又不善治生，中岁倾其家赀①。弟兄志趣相异，不相往来。尝因事涉讼，张静江，庞氏外甥也②，为两舅解之。虚斋书画均藏于沪渎，抗战军兴，庞氏南浔之居宅及宜园均毁，书画之在浔及苏州寓所者或毁或散，然皆非上品。解放后，予于北京西单文物店中购得戴醇士画松一帧③，有“虚斋”藏印，疑抗战时自苏州寓所散出者。解放初，所藏由故宫博物院收购④。故宫宋元画展览，余曾见元王蒙《夏日山居 136

---

① “倾”原作“顷”，笔误径改。

② “庞”与前“江，”原重叠。

③ “醇士”名熙，号榆庵，钱塘人。道光年间翰林，官至刑部侍郎，死后谥文节。工画，善山水、花草、人物。兼擅画论，有《习苦斋画絮》、《赐砚斋题画偶录》等行世。

④ 按：先生记忆恐不确。庞氏旧藏书画，后分属上海博物馆、南京博物院、故宫博物院、苏州博物馆四家，南京博物院所获最夥。甲午（2014）岁杪，南京博物院联合三家举办“藏·天下——庞莱臣虚斋名画合璧展”，翌年，庞氏后人状告南京博物院侵权，其事之纷乱，难以言状。参阅陈诗悦：《庞莱臣后人状告南京博物院侵权：谁在败落》，同作者：《收藏大家庞莱臣的后人为什么要状告南京博物院》，分见《澎湃新闻·艺术评论》、《东方早报·艺术评论》2016年9月7日。

图》，庞氏旧藏名迹也。莱臣亦能画①。

抗战时宜园、适园均毁②，而刘氏之小莲庄闻至今犹存。宜园布置不俗。适园多竹，湘妃、麋鹿、方竹移自湘蜀。小莲庄于池畔曲廊水榭外，忽筑西式屋两所，颇为不类。适园楹联皆集宋人词，小莲庄亦稍有之，皆可诵。

南浔巨富所谓四象，最先盖顾、朱、刘、张四家，顾、朱中落，庞、邢继之③。邢氏不知起家所自④，其富不逮刘、张、庞。刘、张均以藏书刻书著称⑤，庞氏

---

① “莱臣亦能画”五字原在下句“至今犹存”后，然上下文意不连属，兹移置此处。

② 宜园被毁，屡议修复，然皆未竟其功。参许若菲：《近代南浔宜园修复研究》，《风景园林》2017 年第 2 期，第 47—56 页；王佳倩：《南浔宜园的营造与变迁》，《建筑与装饰》2020 年第 2 期，第 16—18 页。近年，地方始因旅游之需，斥资一亿一千万，重建宜园。适园被毁，是否曾议修复，则未闻也。

③ 此句已见前文，此处重复，盖忘前已写也。

④ 按南浔邢氏家族第一代掌门人名赓星，初与刘镛合开邢正茂丝行，后兼营典当与房产，最富时尝阑入“四象”，旋退居“八牛”之首。

⑤ “刘、张均”三字干写，据印痕残笔补。“张均以藏书”与后“画甲于海内”原重叠。

藏书画甲于海内，而邢氏无闻，非守财虏如邢叙之，则纨绔子耳。

此数家外，富室又有邱氏①、梅氏。丘氏之后有于上海开设新世界游艺场者②，其后洋场恶少之流，不足数也。梅氏于镇郊设梅恒裕丝厂，为南浔丝业之后劲。抗战时厂毁，家亦中落。

---

①“富室”原作“巨富”，后将“巨”字圈涂，于“富”右下补“室”字。

②“丘氏”即前“邱氏”。

二、叙南浔蒋氏

137 民国之初南浔有三大藏书家①，刘氏嘉业堂、张氏适园及蒋氏传书堂也。蒋氏之先有海船曰“飘洋船”者十馀艘，往来闽粤宁绍及沪渎间，其发家早于顾、朱、刘、张。某岁遭巨风，海船沉没者七，耗其资，而弟兄众多，同光间已中落。蒋氏富藏书，今善本流传辄见有蒋氏藏印。严铁桥缉《全上古三代汉魏六朝文》成，蒋氏有季卿者②，曰：“我力不足任全书之剞劂，然严先生之苦心不可没，始为刻其目录，苟全书散佚，后人犹得按目而索，继成其书。”因与其子锡礽爬梳理董，为总目一百又三卷。蒋氏幼弟曰维基（字

---

① “民国之初南浔有三大藏书”十一字干写，据印痕补。

② “季卿”名维培，字寄钦。附贡生，候选训导。其藏书楼曰“求是斋”。

厚轩)①，行八，我祖母，厚轩先生之幼女也。其第三
子曰锡绅（字书箴），举于乡，与张季直同岁举②，会
试入京相见，遂订交，两人皆慷慨言经世事。书箴卒，
季直为作墓志，书丹，称“婴宁居士之墓志”③。书箴
少慧，刘贯经偶见之，以为他日必有成，归而谋之妇， 138
将以女归之。其妇以蒋氏贫，不可，贯经持之坚。刘
母乃命长子紫回至学馆觇之，紫回返告其母曰：“婿形
貌不劣，顾其帽已开花。”言帽之顶端已破裂也。贯经
使媒氏往，厚轩先生诧曰：“我家贫，夏日一臭卤甏，
冬日一腌菜缸，刘氏巨富，其女岂堪为我家妇乎?”媒
氏归告贯经，贯经曰：“我赏其人，非以其家，愿再说
之。”媒氏三往乃许。刘氏女贤，安于贫约，夫妇终身

---

① “幼”为补字。“维基”为前揭“季卿”（维培）之兄，似不当称“幼弟”。

② “季直”名謇，号啬庵，南通人。光绪二十年恩科状元。清末民初著名实业家、政治家、教育家。

③ “称”前原有“以书箴”三字，“书箴”已圈涂，“以”尚存，但与“称”衔接似不成词，当亦为衍字，漏圈涂者，不录。又，该墓志正式定名为《婴宁居士乌程蒋君墓志》，另附《蒋太夫人刘氏墓志》，民国三年石印传世。

无违言。然书箴三上春官，终不得志，世事方亟，遂
绝意仕进。刘氏有典肆在南通，书箴既与张季直善，
自请往司典肆事。季直设大生纱厂，书箴与擘画之，
139 然司典肆如故，不肯就大生之聘。书箴长女嫁张氏
（定甫长子便琴）。翁问新妇：“若父为刘氏司典事，岁
入几何？”对曰：“年可三四百金耳。”翁曰：“若父大
才，且亲为婿，何相待之薄耶？愿为我理盐事，当岁
奉千金。”女归宁，以告父。书箴怒曰：“尔父岂待价
而估者乎！刘氏产业多，苟欲多金，择其肥厚者亦可
得，我宁择其薄者，不欲以亲情累人。今以多金故，
去刘就张，人其谓我何！”其女不敢复言。书箴好谈经
世①，耻为文士，故无诗文传世。唯庚子义和团起义，
八国联军入侵，书箴有和杜陵《秋兴八首》，余于孟蘋
表伯处曾一见之②，悲愤激越，深慨清政之窳败，李合
肥和约之屈辱③，无愧诗史之风。我家旧有所书屏四

---

① “书箴”二字干写，据印痕残笔补。

② “蘋”原作“萍”，据下文径改。

③ “李合肥”之“肥”原被圈涂，但无此字不成词，故保留。另有一种可能，即原欲将“李合肥”三字一并圈涂，而仅圈涂“肥”字，漏“李合”二字。“李合肥”者，李鸿章也。

幅，书法劲挺秀拔，又有致先祖函数十通，日寇之祸，家中遗物无存，书箴手迹亦无一存。

书箴长子曰汝藻（字孟蘋），有干才。策论举人。 140
张、刘诸家皆经营盐策，尔时盐商例举一人总诸商事，
号为甲商。浙中甲商陈某，湖州人，居位久，行事专
擅，张氏厌之，欲取代，而陈某与浙中大吏交，猝不
易去。佥以孟蘋干练，以逐陈事委之。孟蘋设策去陈，
因代为甲商。浙人集资建铁路，汤寿潜为董事长，刘
澄如副之。寿潜为孟蘋师，而澄如则亲舅也，孟蘋亦
为董事。清廷将收铁路为国有，各省皆争之，浙路以
孟蘋为代表赴京。已而孟蘋签约归，如清廷旨，浙人
大哗，以为受重赂，事秘不易明。既而设来远公司于
上海，贩鬻书画，售之外人，得善价，又与浙人共创
立浙江兴业银行，及他经营甚多，积资钜万。蒋氏旧
藏书久散①，孟蘋复广事搜集②，于是传书堂藏书与嘉 141
业堂、适园鼎立。时王国维居沪，受姬觉弥聘为任职

---

①“散”字干写，据印痕残笔补。

②“孟”字干写，据印痕残笔补。

所谓“仓圣明智大学”①，孟蘋延之撰《传书堂书目》。其所藏有宋刊周密之《草窗韵语》，海内孤本也，因名其居为“密韵楼”，刻《密韵楼丛书》，极精。孟蘋性豪，倾财助人，其师徐某没，家贫，孟蘋为经营丧事，赡其家，又资徐之子游学美国。蒋氏宗族多贫，皆仰给孟蘋。又乐接宾客，其所居西摩路（今陕西南路），座客常满，饮馔丰腆②。藏书之家若董康、傅增湘，名士若张尔田、孙隘庵③，银行家若盛竹书、钱新之，皆西摩路座上客也。董康一日问刘翰怡云：“孟蘋挥霍如此，度其家赀且千万耶？”翰怡曰：“殆不过一二百万耳。”董康曰：“家赀不过一二百万，而用之若千万④，
142 将何以继？”已而孟蘋设钱庄，以资财用，所取者多，

---

① “所谓”二字位于行首，上空一格齐边处原写一“与”字，不知所属，不录。

② “饮馔丰腆”下原接写“民国初，张季直为农商总长，欲以孟蘋为次长，谢不就”二十一字，后圈涂，不录。

③ “隘庵”名德谦，字受之，一字寿芝，又字益庵，号龙鼎山人，晚号隘堪居士，吴县人。著名学者，以诸子研究最具代表，有《诸子要略》、《诸子通考》等行世。事迹详参吴丕绩《孙隘堪年谱初稿》，不具注。

④ “用之”为补字，原在右行，与右行“过一”重叠。

无以应所贷及存钱人，遂倒闭①，负债且百万，无以
偿。乃以所藏书售之涵芬楼，货其大宅，赁舍以居。
大妇与嫡出子女共处，而己独与一妾及庶出子女别居
小屋。常积欠房租数月，为房主所逐，屡迁②。晚岁居
愚园路岐山村，仅为三楼之两室。其时藏书虽久归涵
芬楼，而所珍惜者《草窗韵语》、三十卷《文选》等数
种犹在。来远公司之设，虽以书画售之外人，然稀世
之品，孟蘋亦矜惜藏之。钱庄倒闭后，渐出以谋衣食。
其东坡《乐地帖》、米元章草书长卷、明徐有贞行书长
卷，以五千金质于张石铭，余亲见之。约他时取赎，
然竟不能赎也。其尤所宝爱者，敦煌石室所出宋乾德
间水月观音像（此叶昌炽所得，民国初收购者）③，刁
光胤画轴，尤所宝爱，尚在其家。其大妇曰："君以挥 143
霍倾竭家资，书籍字画当留为我子衣食资。"后皆为长
子祖诒（榖孙）所有。榖孙平居熏染久，能鉴别字画

① "遂"与前"人"重叠。
② "屡迁"上原有"故"字，似已圈涂，不录。
③ "室"原作"室室"，衍一"室"字，不录。

版本，亦出入贩鬻为业。然藉父所遗及己所收集者亦多。毅孙娶妇，奁资甚富，解放前挟其所藏与妻子去台湾。

孟蘋解放后，以张菊生介①，入文史馆，数年而卒。其居岐山村时，余数往谒之。案上陈杂书，余偶翻阅，见有元刊本围棋谱二册，明抄本《李卫公兵法》（当是辑本）。案头一木尺，视之则黄小松之物②，正面刻汉尺，背面刻晋尺，有小松跋，刊于侧。所用之砚为张之洞督粤时所开大西坑石，绝佳。孟蘋身后，其书售与来清阁书肆③，得价仅三百元。砚及木尺不知所归。

---

① “菊生”名元济，字筱斋，海盐人。著名出版家，商务印书馆之主要投资者与主事者。即前揭“涵芬楼”主人也。

② “小松”名易，字大易，号秋盦等，仁和人。工诗及书画，尤善篆刻，乾嘉“西泠八家”之一，有“小蓬莱阁”著述多种行世。

③ “书”字原误作“画”，据前文径改。“来清阁”，“清”通作“青”，在苏州。阿英《苏州书市》文有载，不具录。

三、书长田村殷氏事

吴江殷氏清末科第最盛，居于黎里镇之长田村。 144
大屋面湖，俗称乌龟漾。门悬直行额“传胪及第”。弟兄连栋而居，堂曰“三省堂”，后堂曰“退省堂”，诸家皆有堂，名如一。传胪者殷寿彭也（字述斋）①，道光间以巍科入词林②。从弟寿臻③、从子兆镛（字谱经）继之④，同治末谱经子葆源（字小谱）又继之⑤，弟兄父子一门有四翰林。

---

①“述斋”原作“直斋”，寿彭字雉斟，号述斋，先生记忆偶误。本页右边有铅笔写“寿彭、述斋”四字，应系先生嗣后查询所得，然未及修改正文，兹据径改，下同。

②“光间”与前“有”部分重叠。

③“寿臻”二字原为空格，据先生右侧旁记补。寿臻字肇骈，号百庭。

④“兆镛”字序伯，号谱经，有《殷谱经侍郎自叙年谱》行世。

⑤殷葆源即殷源。［清］黄兆柽撰：《平望续志》卷七《人物一》云：“殷源字宿海，号小谱，兆镛子。”《中国地方志集成·乡镇志专辑》第十三册，南京：江苏古籍出版社，1992 年 8 月，第 288 页。

述斋历官至少詹事，好墨拓，今流传碑帖善本犹见有殷氏旧藏者。我家与殷氏累代婚姻①。我父儿时即随祖父母往来长田村，绝不见其家有碑帖。述斋少子兆鏻，民国初尚存，余犹及见之。我父询之兆鏻，则云褓褓失怙，茫然不知也。述斋殁于广东学使任，学使例不得携眷属，家犹寓北京。犹子梅士挈家归。又身至粤东扶述斋柩返里葬先茔。意者程途既远，输运
145 维艰，书籍碑帖尽弃之京粤两寓矣。述斋数十年冷宦无积蓄。兆鏻纨绔不学②，一出为浙东某县令，太平军入浙，弃官遁去，革职。晚岁穷困，几不能举火。

梅士亦不甚读书，然善营产，故于诸群从子独富。我祖先娶其女五姑，逾年以产难卒，其乳妇徐喜我祖淳厚，告于其主，以妹六姑继配，又以产难卒，三娶南浔蒋氏，实生我父。往例，继娶之妇视前妻之父母若己之父母。既婚三日，妻之父若昆弟来探视，曰

① 按平望唐氏嗣十一世兰皋公夫人殷氏即为殷兆镛之女。据下文，先生之祖父，平望唐氏十二世芝明，更先后娶殷氏嫡亲姊妹为夫人。

② “纨”原作“绔”，与后“绔”重出，笔误径改。

“望朝”，弥月归宁曰“回门”，前妻之家亦如之。梅士既丧其二女，而蒋夫人明敏①，爱之如所生。岁必数遣船来迎婿女②。故我家亲殷氏与蒋氏等。梅士四子皆早卒，后嗣无多人。其曾孙曰剑侯，曰楚湘，曰传焕。剑侯为黎里小学校长，一子为会计师。楚湘之嗣祖母陆与我祖母善，余儿时随祖母至殷氏，则居楚湘家。楚湘毕业于南洋路矿大学，在沪为工程师，其家亦迁 146
沪。陆母耆寿，我祖母卒后尚存。我姊嫁上海王氏，婚仪亦即在沪③，陆母及楚湘与楚湘之二幼子均来。陆母卒，往来遂疏。闻楚湘于解放前去台湾，其妻子犹在沪。传焕与余年相若，余儿时随祖母至长田村，初阅《封神榜》小说，传焕亦然，两人共谈姜太公斩将封神事，甚乐。后遂不复见。

谱经之父某④，自长田迁居我镇之东溪，自号东

---

①“人明”二字原重叠。

②“岁”字干写，据印痕残笔补。

③“亦”为补字，原在“仪即”二字右。

④“某”名增，字曜庭。

溪居士，曾续潘力田《松陵诗征》①，又重刻潘稼堂《遂初堂集》②。力田、稼堂，我乡人也。东溪能文而乡试数不利，遂弃帖括，纵酒自放③，其母不善也。一日，其友陈赫（字二赤）者过访，陈亦邑名士，居震泽镇。两人皆豪饮，日昃，酒罄，命仆赴市沽之。殷母闻之，于屏后诃其子，语侵客。二赤惭惶，遽出门掉舟去。东溪自伤失母欢，又愧对其友，中夜自经死。时谱经已
147 为诸生食饩矣。其事乡人流传如此，而殷氏讳之。

谱经历官至礼部侍郎，数出任学政及典乡试。李鸿章抚苏，吴江广设厘卡，谱经上疏劾鸿章，有“十里三卡，小民何以度日”句，颇著直声。朝廷方藉厘金为饷糈，而鸿章以镇压太平军立大功，方向用。疏上且得谴，而谱经曾直上书房，授诸皇子读，惇王④、

---

① “力田”名柽章，字圣木，亦吴江平望人。清初著名史家，因涉庄廷鑨《明史》案被杀。

② “重”为补字，原在“又刻”二字右。“稼堂”名耒，字次耕，前注柽章弟。师事顾炎武，亦为清初著名学者。

③ “自放”二字干写，据印痕残笔补。

④ “惇”原写“忄”，圈涂改写“淳”。按道光第五子奕誴封“惇王”，径回改为“惇”。

醇王皆曾受业，以是得无事，然自此回翔六部间，终不得晋尚书①。日本使人来，闻谱经劾鸿章，愿得见殷尚书（殷未为尚书，此误）。光绪初，谱经年老，每入朝，诸同乡官扶掖之，而当事者亦厌其人。同乡官沈桂芬、费芸舫、吴望云辈相与讽其归，遂乞病去。于苏州买宅居之，清帝曾赐玉尺，故题其堂曰“玉尺堂”。谱经中年丧偶，不续娶，旁无姬侍，饮食皆僮仆司之。我曾祖母有仆曰孙妈，数随曾祖母至苏，云谱经病，盖饮食不调故。 148

小谱以才力自喜，虽文士，好言兵事，习洋枪射击，好骑马。余见《越缦堂日记》，有诋小谱语，殆亦以其好大言，莼客学人性隘②，气味不相投。太平军始被镇压，曾国藩督两江，即举乡试。小谱自京返里应试，试毕，偕邑人就试者归，舟至镇江，当入口由内河行，而诸船相轧，壅塞不得进者三日。小谱携一仆，

① “尚”原作“尚尚”，衍一“尚”字，不录。

②《越缦堂日记》，李慈铭撰。慈铭初名模，字式侯，后改今名，字爱伯，号莼客，室名越缦堂。会稽人。光绪六年进士，官至山西道监察御史。晚清著名学者。

挟一伞，迳登岸步行。当别雇内河舟，而忘携行资，遂徒步抵苏州。是科小谱不利。其后成进士，入词林，请假回籍，从陆道行，陆道必以车，而小谱独乘马。至苏，诣王仙根，仙根娶谱经弟选之女，为小谱妹婿①。到门则司阍老仆适以事外出②，应门之仆新至，不识小谱，索名刺，曰“无”，询姓名，不答，迳入。长途跋涉，衣冠弊旧，仆藐之，阻之且出不逊语。小谱挥之，仆仆地大号，老仆出，识为小谱，斥新至之
149 仆曰：“此舅少爷，新科翰林，奈何阻之?”新仆惶惧，
叩头谢。小谱曰：“守门尔职也，余不汝责，然他日毋藐弊衣客!”谱经告归，小谱亦乞养，先谱经卒。孙妈曰：“小谱持洋枪坐堂上，一犬自门入，顾曰：‘我且射此犬。’急止之，弹已发，弹洞中犬立毙。又一日，顾室中榻曰：‘我且坏此榻。’即坐榻上，以手据榻沿，左右探其躯，榻立坏，视棕棚皆断。其多力如此。”小谱二子，长科庭③，荫授户部主事。次菊延。谱经父子

① “小谱”二字干写，据印痕残笔补。
② “司阍”二字干写，据印痕残笔补。
③ “小谱二子，长科”六字干写，据印痕残笔补。

先后卒，科庭、菊延或居京师（京中有宅），或居吴，与我家往来遂疏。

谱经弟字选之①，候选通判。太平军攻下苏州②，军至我镇，选之挈家遁崇明，旋至沪，旋卒。两子：长字小选。次少衡，儿时以病瘫痪。长女嫁秀水王仙根，次女嫁崇明祝氏。余家旧有谱经与嗣曾祖兰皋公书，皆谋选之卒后取诸孤入京事。谱经居苏，而小选弟兄归平望，故居已毁，构屋居之。小选早卒，子曰述庭。少衡虽病废，亦娶妻生子，曰敬庭、预庭。选
之之后居平望，故数世与我家甚亲。我乡礼俗，岁初 150
必悬先世像于堂上，朝夕上供，五日而撤，亲族往来谒拜，曰“拜真”。我父友述庭子味兰，犹循行不废。味兰无子，其弟味三出嗣。敬庭早卒，预庭亦无子。选之后遂绝。味兰长我父且十岁，然行辈则表侄也，余儿时呼以大哥。

殷氏科名虽盛，然于学无可称③。述斋有诗集曰

---

①“选之”名兆铨，附贡生。

②“太平”与前“通判。”原重叠。

③“学无”二字原重叠。

《春雨楼集》，族曾孙剑侯以铅字排印，乞金松岑先生为序①，以为其诗雍容和雅，有承平之音。谱经有《齐庄中正堂文集》。两集余皆见之。谱经文多律赋，述斋诗则如金先生所言，盖皆帖括之馀，习为应制诗赋，以备大考、考差者耳。小谱负才自喜，然不得一试。余家旧有小谱所书扇，蝇头小楷，书《洛神赋》全篇，极精工。日寇之乱，失之②。

① 按金松岑所为之序名《重刊春雨楼集序》，载《天放楼文言》卷三，金天羽著、周录祥校点：《天放楼诗文集》中册，上海古籍出版社，2007 年 11 月，第 592—593 页。《春雨楼集》初刊序为柳亚子所作，名《春雨楼集叙》，载《磨剑室文录》，不具录。

② 先生此节记殷氏，重功名与学术，不及其他。实殷氏有女曰明珠者，号称“中国最早爱情片女王”，主演《海誓》、《传家宝》、《还金记》、《盘丝洞》、《媚眼侠》、《东方夜谭》、《人间仙子》、《国色天香》、《桃花梦》等影片，亦大有名。曾祖即兆镛。祖梦琴、父星环，亦有功名。息影后，抗战爆发，避居香港，己巳（1989）去世。

四、书秀水王氏事

秀水王氏有二支，一支迁苏州，一支迁吴江之盛 151
泽镇。两支各设义庄，苏州一支为东庄，盛泽一支为西庄。苏州一支，我所知者，始于仙根先生。仙根为我本生曾祖母之兄，于我祖为舅氏。仙根娶殷选之女，又我祖之表姊也，我祖尊礼之，不以殷氏辈行论也。

王氏本富裕，仙根设置钱庄，家益饶。仙根四子，长曰梦陵，诸生，嗜金石书画，收藏甚富，然多赝品。梦陵见所喜物，倾资购之，不足则鬻其产或借贷，以是颇耗其产。余见梦陵与我家祖书，矜其新获古器物。又言近见某器，价昂不能致，末言交臂失之，意惓惓不能自已。早岁即入赀为县令，指省直隶，然未尝诣省。晚年赴天津，一任某县令，卒于任，亏负累巨万，不能偿，会上官有好古者，以所藏器物书画抵补。其

家所存盖寡。次子次鸥，拔贡。子忻夫（名大隆），读
书，师吴县曹元忠①、吴江金松岑，为上海圣约翰大学
教授，解放后，圣约翰解散，任复旦大学教授。忻夫
152 长于目录版本之学②，好藏书。尝缉未刊珍秘小品，以
年为次，自甲戌至己卯，凡六编③，皆世所罕见之④。
又缉吴中藏书家黄荛圃⑤、顾千里诸书题跋为黄顾题
跋⑥。搜缉极勤。抗战时，予执教圣玛琍亚女中，圣玛
琍亚校舍在旧租界外，因构屋于圣约翰大学内。予于
授课之馀，辄就忻夫谈。太平洋战事起，予只身走湘
蜀。一九四六年，予返沪，访忻夫，知所藏书无恙。

---

① “元忠”原作“君直”，系元忠之号，后圈涂，于右补“元忠”二字。然忻夫所师事者，实为曹元弼，元忠之堂弟也。元弼亦为著名学者、藏书家。

② “本”字原无，径补。

③ “六编”原作“六编五编”，后圈涂“编五编”三字，仅存一“六”字，不成文，前“编”当属误删，此处恢复。据上海人民出版社 2019 年 3 月出版之《八年丛编》，是书实共八编，分称甲戌、乙亥、丙子、丁丑、戊寅、己卯、庚辰、辛巳丛编。

④ “之”下疑缺“本”或“书”字。

⑤ “又”与前“。”原重叠。

⑥ “荛圃”名丕烈，字绍武，吴县人。“千里”名广圻，号涧蘋，元和人。均为乾嘉著名学者。“黄顾题跋”书名《黄顾遗书》，有民国二十五年（1936）秀水王氏学礼斋刊本。

又数年，又访之于复旦大学，时辑黄顾题跋已成。已而闻以心脏病卒①。

仙根第三子曰耕云②，少师吴中名外科马培芝③，精于外科，颇有名，吴中呼之为“王三郎中”。吴人称医为郎中④，犹北人之称大夫也。耕芸嬖一妓，欲以为妾。妓曰：“我不欲事王三郎中，必为王三大人者始嫁之。”耕芸遂纳资为候选道，弃医弗为，而家亦中落。 153
子曰韶九，亦好藏古器物及善本书。

盛泽一支创设王永义绸庄，富甲一乡。梦仙先生以举人官至户部员外。其父官江苏道员（虽居吴江，然祖籍秀水未改，故官江苏），其门悬额曰“钦旌孝子”，即其人，名字不详，行二⑤，又曾倌砲台事，故

---

① 按王欣夫（即忻夫）实于丙午（1966）秋因肺炎而卒。时属“文革”之初，王被关“牛棚”，身体羸殆，终于病发不治。

② “耕云”与下文“耕芸”均通作“赓云”，名祖庆，苏州观前街“王鸿翥堂”之创建者也。

③ “培芝”通作“培之”，名文植，本贯武进，后居苏州。世医，“孟河学派”代表之一。尝为慈禧太后治病，人称“马征君”。有《马培之外科医案》等行世。

④ “吴人”云云前原写“郎中者”三字，后圈涂，改写此句。此句“中”原误写作“史”，据前文径改。

⑤ “行二”与前“江苏”原重叠。

其家谓之“砲台二太爷”。梦仙先生弟兄三人，长子某迁于苏，次即梦仙。梦仙与仙根为从兄弟，亦我祖之舅也。又娶南浔蒋氏，我祖母之长姊，则又我祖之僚婿也。蒋为继配，□□□①。梦仙先生四子，其季莘生先生，余外舅也，为邑名医。王氏课课严②，延明师教子孙，故多入学为诸生。

梦仙先生之从弟字振之，是为第三房③，其父名字不详。振之亦举人，学医，出苏州曹沧洲之门④。振之子斗生⑤，继为医。莘生则斗生之徒也。

王氏四世为医，皆负盛名。斗生娶于施氏，余祖姑之女也。我家人病稍重，必延斗生，治辄效。祖母得
154 疾，每晨则泻，斗生诊之曰：“此思虑伤脾，法当进热药。”处方用附子⑥、肉桂。又令夏日，以艾灸脐下。

---

① “□□□”干写，不识为何字，字数亦不确。

② “课课”，第二“课”疑为“子”之笔误。

③ “是”与前“之，”原重叠。

④ “沧洲”字智涵，吴人。“吴门医派”代表之一。因治愈慈禧太后沉疴，被授七品顶戴，封为御医。有《曹沧洲医案》等行世。

⑤ “斗生”字邕士。

⑥ “处”与前“药。”原重叠。

祖母每病发，即服其方，夏日灸艾如法。十馀年，斗生已卒。偶至吴门，诣吴中名医曹融甫诊之。融甫者，沧洲后也，与王氏学出一源，视斗生所处方，以为是，然今年老，附子性烈，恐不堪，易以鹿茸。所改唯此一味，而服之即无效，仍守斗生方如故。

斗生家有书数十箱，尘封二十年，施氏表姑命予
视之，大抵皆医书，自古至今数百种，盖无不备，巨
帙若《圣济总录》、《沈氏尊生书》①、《景岳全书》等，
诸家方案下至清薛、叶诸名医书，盈箱累箧皆是也。
然他书甚少，独有一宋刊宋印之吴淑《事类赋》，毛斧
季②、季振宜、黄荛圃、汪士钟递藏。毛氏时已缺数
卷，斧季以宋纸影他宋本配补之，凡两册。荛圃时又
缺一册，荛圃又命工精抄补足，每卷均有荛圃校语，
已不忆据校者何本也。余告施氏表姑，此书若售，当 155
可得善价。其后以千金鬻于蒋榖孙，榖孙又以二千金
鬻之上海潘氏。其他明版医书有十馀种，又有文渊阁

---

① “氏”原作“生”，笔误径改。

② “斧季”名扆，常熟人。晋季子。清初著名藏书家，有《汲古阁珍藏秘本书目》行世。

四库全书本《卫生方》。其时藏书家无好医书者，故久不售。日寇之乱，盖尽散失矣。王氏藏书当不止此，何以独存医书，并普通之诸经、诸史亦无所见？余见其堂上有书箱数十，皆空无一册，疑此为诸房共有之书，先已散失。

振之弟曰紫峰，拔贡。

太平军至盛泽，议置乡官，王永义最为巨室，众议择一人任之。王氏大惧，举一沈姓者为代。太平军败，沈某为清军所杀。王氏愧对之，相传建一财神庙，财神腹中立沈某木主云。

五、记凌氏藏印

凌氏为吴江大姓，明末太仆寺卿凌义渠之后也①。 156
其族居莘塔者最盛，黎里、平望亦皆有凌氏。居平望者，道咸间有凌苇裳②，居平望之西塘，家富好收藏汉印，与江浙诸名士交，筑园曰翠柏，时觞咏其中。苇裳卒，三子犹居旧宅。太平军至我镇，凌氏出走，携所藏印与俱。其宅太平军帅居之，以为行辕。湖州豪绅赵竹生结团抗义军，尝率部曲反攻平望，太平军退，竹生及枪船之徒众入镇③，焚凌氏之居。竹生旋返湖

---

① 按凌义渠字骏甫，号茗柯，乌程人。李自成攻入北京，崇祯帝自缢，义渠时为大理寺卿，自尽殉难，明谥忠清，清谥忠介。《明史》卷二六五有传。故其卒官大理寺卿，非太仆寺卿也。先生记忆偶误。

②“苇裳”名坛，字乘鹿。

③“枪船”源出嘉兴，乃身狭而行速之两头尖小轻船，常容四五人，用枪类兵器，原属地方自卫武装，后江浙环太湖地区皆有其制，氓萌匪流，已难辨矣。

州，数日，太平军合大军来，复克平望，殪枪船之魁
曰沙锅者。太平军既被镇压，凌氏返，弟兄各治新宅。
长子曰龙臣①，居西塘，他二子一居寺浜，一居前街。
汉印归于龙臣。龙臣之孙静安，与我父总角交。我父
157 曾见其所藏印，有西汉张敞印，稀世之珍也。静安子
震寰，抗战前为南京某部之科员，以印寄存于中央银
行之保险库。日寇内侵，震寰返里，携家走乡间。日
寇既踞南京，其印之藏于保险库者不知所在。其家又
有古铜器，我父曾见之，他日询之静安，则曰埋之后
园地下矣。静安卒，余问之震寰，震寰不知也。

余弱冠时，与他少年共至震寰家，屋之西楹有小室，偶入，见地下有一纸，检视之，则明白绵纸《后汉书·皇后纪》也。怪问之，震寰曰："室中壁橱中旧有破烂书，家人以擦煤油灯，今有电灯，不复需此，擦灯之馀尚在橱中也。"余请启视之，检有明白绵纸《五百家注韩昌黎集》、慎独斋本小字《大宋文鉴》、白绵纸本《后汉书》、明白绵纸华氏兰雪堂本《事类赋》、

① "龙臣"名镐，号天复子。

明本《图书编》、《六书故》等二三十种，皆零星残帙。
又有其家所藏印谱一小册，藏书之簿一小册，目中有
华氏活字本《颜鲁公集》等①。震寰又曰：“破烂书尚
有数箱，前年以其箱储器物，书尽焚之矣。”余乞得数
种稍成册者，有《韩昌黎集》四册、《大宋文鉴》四 158
册、《事类赋》六册。《事类赋》为明代原装，其中衬
纸皆明时物。日寇内侵，我家避寇展转至沪②，楹书尽
毁，而余以《事类赋》为原装，书不足重，而明纸难
得，故携之行箧中，久置沪寓。胜利后，予任教武汉，
此书仍在沪。“文革”时，沪寓被抄，此书亦不知所
在。纪晓岚曾言以宋版《公羊》包油饼事，凌氏书用
以擦灯，亦其类也。凌氏书止于明版，不足重，又皆
零星破残，藏书家所弗顾，余乞得其烬馀，终亦付之
劫灰，可叹也。

---

①“目中”与前“册，”原重叠。
②“我”字干写，据印痕残笔补。

六、记八慵园①

159 八慵园在前街，吴梅隐所筑。梅隐名格，号眠鹤庵主。其宅面前街，背大街，面西开门，设吴会丰糕饼南货店。所造糕饼甜美，其所谓“立酥”者尤著称。梅隐善画，与吴仓硕②、金心兰③、任立凡诸画人交④，时往来园中。园甚小而结构曲折精致，颇具匠心。入园门，循廊而西，为端友居，屋三楹临池，池北起假山，屋名端友，犹言石交也。池南小亭临水，又南为德尊堂，堂有梅隐画像。自临水之亭西循廊曲折入一小门，入门为一狭长之楼。由假山石磴委蛇登其颠⑤，

---

①“记八慵园”四字干写，据印痕补。

②“仓硕”初名俊，又名俊卿，字昌硕，号仓石、苍石等，孝丰人。

③“心兰”名涑，号冷香，又号瞎牛等，长洲人。

④“立凡”名豫，萧山人。

⑤“山石”二字原重叠。

西亦有一小门，入门即此狭长之楼上。楼有石梯，下为小轩洞开，名格庐。格庐之南，邻家后门隙地也。不筑墙，以竹篱隔之，修竹数竿，遂若篱外别有结构。格庐之西南为眠鹤庵，旧于院中饲鹤，故云饲鹤之庭。
稍西亦有廊，西抵园墙。狭长之楼与格庐间隙地数弓， 160
隔以树石，藓石苔砌，草树蒙密，有山林气。楼西小屋三楹曰“八慵庄”。门外壁上嵌石刻《八慵园记》一方，似是俞曲园撰并书①。八慵园尽于是矣。余儿时，里人结消夏社于园中，屡随父至园中嬉戏②。后稍圮坏，有人登假山，石坠落池中，其人亦堕水，为石所压，竟死。亭馆亦坏。日寇入侵，纵火，吴氏之宅烬焉。余于一九四六年夏返里，大街、前街皆为废墟，唯八慵园之假山兀立其中③。

梅隐能画，家藏书画甚多，颇有名迹。梅隐子润之，润之二子，长字竹舟，次字荷卿。家已中落，竹

---

①“曲园”名樾，字荫甫，德清人。清末著名学者。

②“父至”二字原重叠。

③“之”下有字，已被圈涂，不录。“假山”，二字干写，据印痕残笔补。

舟以所藏画乞使者售之蒋孟蘋①。时余尚幼，但忆其中有元高房山山水轴②，其他不忆也③。荷卿所藏无珍品，大抵为清代人作品④。荷卿早死，其画未散，疑日寇时毁于火矣。

---

① “乞使者”三字原补写于“画售之”右，与前“次字荷”部分重叠，据先生补写之例及文意插于此处。

② “房山”名克恭，字彦敬，本贯大同，久居房山。元著名画家。

③ “他不忆”三字原重叠。

④ “为”原作“为为”，衍一“为”字，径删。

七、记殊胜寺

殊胜寺宋代古刹，蔡京命名①。其建置及累代重修 161
因缘，具见于《吴江县志》及《平望镇志》、《百城烟水》等书，不悉记。寺址本甚大，东至市河，南临莺脰湖，北及西环以水曰寺浜。太平军守平望，曾于寺门前架砲，其初至时似尚未毁，后遂为废墟。大殿之后有银杏树一株，数百年物也，数人围之不尽，相传宋时所植。疑寺之毁非以火，若大殿、后殿遭焚，树安能活？

余儿时②，我家东墙外皆寺之废墟也，命之为殊胜寺场，时有江湖卖艺者于此作场。大殿遗址存三世佛石台，其西已为镇之积谷仓，积谷以备荒年。有屋数楹，里人范子龙书“民莫不穀”额。清末积谷仓久

① “京命”二字原重叠。

② “余儿时”三字干写，据印痕补。

废，仍为乡董治事之所；国民党时，为区公所。积谷仓之北则为平望女子小学校。大殿遗址缭以垣，谋去佛台，寺僧与乡董争之，以为古迹不可毁，故至今尚
162 存。后殿之址赁之黎里鲍姓所设之达盛酱园。达盛所制之酱黄瓜及他酱菜、辣酱，以味美著称，即以银杏为商标。达盛东边之墙即筑于树根上。大殿南为天王殿，置金刚之四石座尚存。东为僧房，并赁为香作坊，旧时辄见于金刚石座上曝所制香。天王殿遗址之西为一木作。木作之南为闵家薄荷糕肆。薄荷糕洁白如霜，昔人有诗咏之。天王殿南有池，跨以桥，其南则门也。光绪间一游方僧募捐重建山门三楹，塑哼哈二将像。殊胜寺非十方丛林，寺僧每鬻贫家子为徒，幼为沙弥，长而剃度，师徒相传，各有房分，共推一长老主寺事①。游方僧既修山门②，寺僧惧且据寺产③，谋逐之。寺僧与里人习熟，助之诉于县，竟逐游

① “寺事”二字干写，据印痕残笔补。

② “山”字干写，据印痕残笔补。

③ “寺”字干写，据印痕残笔补。“僧”原作“僧僧”，衍一“僧”字，径删。

方僧去①。然寺僧竟不能重建，遂长为废墟。寺僧皆 163
食肉饮酒，或于屠肆市肉，携之过市，无非之者②。

寺之东为市河，市河有桥曰泰通桥，傍桥一佛堂供石观音，盖本古造像，香火甚盛，亦殊胜寺僧主之。观音堂甚隘，其后为僧舍，甚幽閟。自泰通桥而西为扇子街③，街南旧亦寺之南垣，余儿时所见已尽为市舍民房，盖寺僧鬻之。街南亦皆市肆，临莺脰湖，疑兵燹前已然。扇子街之东端即山门④，东偏一楹，有冬菜肆，西偏则为文乐园茶肆，则赁之寺僧。又西稍南为西塘街，有屋曰斋僧堂，则本寺斋僧之所也，民国后为商会。旁在寺浜⑤，兵燹后所建，闻旧为某姓当铺基，盖亦久非寺产矣。我家后园地则购之寺僧。园门

---

① “竟逐”二字干写，据印痕残笔补。

② “寺僧皆食肉饮酒”至“无非之者”一句，原写于纸端，为后补者，兹据内容移置此处。

③ “通”原作“通通”，后一“通”字有圈涂痕迹，知为衍字，径删。

④ “子”原作“之”，笔误径改。

⑤ “旁”为补写字，左侧原写“我家”二字，“家”被圈涂，疑先生初欲写“我家后园地”（见下文），圈涂而改写此句，“我”字漏圈涂，不录。

外有隙地，数武为小道，道南即为僧舍。然此隙地为
道观所有，观已无存，有道士一人居于园墙之西小
屋，旁为斋僧堂之后门。道士所居东为我家后园①，
164 西为斋僧堂及木作，皆殊胜之地。隙地之南为僧舍，
而隙地斗入僧舍与后园之中，隔寺产为二，不知何以
如此。余阅旧志及《百城烟水》，谓殊胜寺之西为道
观，则斋僧堂亦本道观地也，然堂相传为斋僧，必非
观所有。凡此均不可解。始辟此园，欲展园至道旁，
询之寺僧，则曰此道士所有。询之道士，道士不欲
售，乃赁此隙地，于门外植柳五株。我父始集唐人诗
为门联曰："门前学种先生柳（王维句），日暮聊为梁
父吟（杜甫句）。"② 继以为下句为杜陵过武侯祠诗中
句，嫌于僭妄，虽倩蒋孟蘋表伯书之，不敢刊木悬之。

---

① "为"字原被圈涂，右补"西"字，与前"小屋"重叠。按下句始言"西为"云云，此处应言"东为"云云，无"为"不成文，故保留"为"字，"西"字不录。

② 按此联甚有名，或作梁启超集，题北京袁崇焕祠者；或作古直集，题庐山葛陶斋门者。

银杏树解放后犹在①，“文革”时被斫作薪。余于一九八五年返里②，银杏无存，而酱园犹在，四天王之石座亦夷为平地③，唯大殿之佛座如故。

---

①“树”原作“树树”，衍一“树”字，径删。“解放”二字干写，据印痕残笔补。“犹”原作“尤”，笔误径改。

②“于”字干写，据印痕残笔补。

③“平”字干写，据印痕残笔补。

八、记平望小学

165 平望有两小学，其一在中水港，本艺英书院，清末改为艺英小学堂。只收男童，故亦称男校。门临中水港①，入门三楹为门房，其北为楼，亦三楹。庭有侧门，入门一廊临小池，稍布置树石，北又有屋三楹。艺英书院时规模仅如此。初改初等小学，无高小。当时学制，初等小学四年卒业，高等小学三年卒业。吴江县一高在城，二高在同里，三高在盛泽，四高在黎里，五高当在震泽。四高最著，其国文教师为沈梅若，芦墟人，能为古文辞。平望无高小，民国七八年间，创立初级商业学校，建课室于操场之北。其后改为高小与初小合并为完全小学，是为公立第八完全小学②，

① “中”为补字，原在“临水”二字右。

② “是为”二字干写，据印痕残笔补。

简称为公八校。其校长予所知者有孙天雄、计剑华、李溶、周介祉、黄印三等。天雄之母为予之族祖姑母。天雄毕业于体操学堂。计剑华为校长时，平望有旅外学生会，以计资历浅，力攻之。计既去职，李溶继之。李溶字永清，其父字臻伯，我父之师也。为邑诸生， 166
后执教于盛泽绸业小学，终其身，温厚端谨人也。李溶年少于我父，与我父同学，毕业于苏州师范学校。任校长不久，亦去之盛泽任教。周介祉名同祺，亦卒业于苏州师校。任校长最久，后调平望民众教育馆长，旋去职。抗战时，失志降敌，其后不知所终①。印三毕业于吴江旧制中学（旧制中学四年），解放后尚在。

又一小学在殊胜寺大殿西，旧为积谷仓之粮仓。民国初，黄鲁若（名象坚）始创女子小学，由县补助而非公立，号为代用小学。黄鲁若始为校长②，卒于二十年代末，年不逾三十。鲁若曾祖琛圃，祖甘叔，有文名，《平望镇续志》中颇有其文。父倜人，清末浙江

① “所”原作“数”，笔误径改。

② “黄鲁若始”四字干写，据印痕补。

佐杂官，民国初为镇乡董。鲁若卒业何校不详。继任
为吴敏於（名淇）。敏於曾祖梅隐①，父竹舟，卒业于
167 周庄小学。有干才，而不修行检。我父尝延之课余读，未逾月，忽不来，问其家，其家不知也。既而闻在上海，冶游数月而返。抗日战争前，任某县烟酒局长②。日寇内侵，挈家至新市。新市时未沦陷，国民党诸军帅往来索饷，新市镇人苦之，敏於掉臂肆应诸军帅间，为镇人所倚重。然后终为某军帅所杀。（一九二四年甲子岁③，江浙搆兵，平望为水陆要冲，苏军之过境者络绎不绝，或至万人，张勋旧部白宝山领军至，镇人大恐④，乡董亦遁去，索诸供应⑤，无负责者，且将有变。敏於出与周旋，镇得无事。新市之事⑥，敏於习故

①“曾祖”为改补字，与右行“卒业”原重叠。

②“某县”二字干写，据印痕残笔补。

③“四”原作“一”，笔误径改。是年，江苏督军齐燮元与浙江督军卢永祥爆发战争，驳火一月有馀，苏胜浙败，俗称“甲子兵灾”。

④“大”与前“不绝”原重叠。

⑤“索诸”与右行“张勋”原重叠。

⑥“之事”二字干写，据印痕残笔补。

智①，以为己之才足以应之，而竟以杀身。）

敏於去校长职，继之者为陈景康（元钊）。景康父设蒙馆自给。景康卒业何校不详。任校长最久，不知于何年去职。继之者何人亦不详②。余七岁时，将入学校，中水港距我家远③，稚弱不任往返，余姊先已入女学，因亦附读。其时校长尚是鲁若先生，女教师二，
一姓王，一姓费，皆同里人。王未嫁，费则盛年守寡 168
者也。并校长、教师止三人。其时课本为共和国教科书。余入学为二年级生，读第三册与第四册。今犹记第三册之第一课云："中华，我国之国名也，溯自远祖以来，居于是，衣于是，我为中华之人，岂可不爱我国哉。"并是浅近易晓之文言。此课文以爱国为旨。五四运动时余尚幼，此后以五月九日为国耻纪念，是日集学生、教师述日人侵略我国，以二十一条相迫之经过。率学生游行街道间，唱《国耻歌》。其辞曰："五

①"敏"字干写，据印痕残笔补。
② 按陈元钊于民国十八年（1929）去职，继之者为前揭黄印三。
③"远"原作"远远"，衍一"远"字，径删。

月九日，国耻纪念日，念哀的美敦四十八时来逼迫。筹国之经，练兵之后（此二句音如此，原文是否是此八字，不能确知），我民尽天职，报仇雪耻，同心协力，毋忘此一日。”然童而习之①，共知袁世凯为国贼，
169 曹汝霖、章宗祥、陆宗舆为卖国贼，而得愤日人之欺凌②。犹忆女学壁上悬一黑板，以白漆大书“毋忘五九”四字，我姊素心六年级时所书也。黑板悬于南偏教师休息室门外壁上，出入必见之。

① “然”与前“日。”原重叠。

② “得愤”原补写于前“国贼”之右，此据文意插补于此。

九、记九华禅寺①

九华寺在安德桥南嘉兴塘侧，清光绪间所建，镇人呼为“小九华”，对九华山而言也。为地藏菩萨道场，无大雄殿、三世佛。正殿即地藏殿，两庑塑十殿阎王、地狱变相，凡诸刀山剑树、舂磨烹炼之刑无不具，又塑白无常于旁，儿时见之辄毛髮立②。后殿为观音殿，有千手观音像，则后来所塑造。又后为方丈。世俗相传七月三十日为地藏诞日，是日香火最盛。四方朝拜者以船至，曰“香船”，泊于寺门前及嘉兴塘畔，数以百计。船各有一人为徒众之长，曰“香头”。 170
船未至寺，香头即唱佛号，徒众和之，此起彼落，彻夜不绝声。入寺则各以香烛为供。烛架不过插数十枝，

---

①“记九”二字干写，据印痕残笔补。

②“髮立”二字原重叠。

后者至，则僧熄前者之烛，弃之筐中，一日夜可得烬馀之烛数十筐。寺僧又出缘簿募化随缘乐助①，合计之钱常不少。人云七月三十一日可供寺僧一年之食焉。

是日，家家于庭中街旁石缝砖隙插香，入夜祷祝②，名曰“地藏香”。小儿以此为乐。

九华寺之东偏有钟楼，稍高。清末，镇之科名不振，历岁无膺乡荐者。同里人叶某者③，以堪舆之术著
171 名，镇人延之觇视风水，叶某曰④：“科名不振，以九华寺之钟楼高，得地形，故佛事盛而科名衰。”问其禳解之术，则曰：“可建高阁于寺傍，高过于钟楼，以祀梓潼帝君，则可夺僧寺之佳胜，科名可振。”阁成，因名文昌阁。叶某曰：“三十年后当出鼎甲。”然未几而科举竟废。余儿时每登此阁。其后稍废坏，不复修缮。

---

①“又出”二字干写，据印痕残笔补。

② 此句原作“插香祷祝”，后圈涂“香祷”，右补“入夜”二字，然不成文，疑圈涂有误，故仍保留“香祷”二字。

③“同里人叶某者”六字干写，据印痕补。

④“觇视风水，叶”五字干写，据印痕补。

十、记踏白船

我乡于五月二十一日于莺脰湖竞渡，名曰踏白船。船各若干人，左右分列打桨，无龙舟。故老相传，旧有龙舟，太平军来，镇人沉之湖心。然踏白船，水军也，始见于五代，记《十国春秋》记南唐事（或吴越）有之①。平望地居要冲，五代时吴越所领，盖以是日操演水军，与端午龙舟竞渡无涉也。

是日又试水龙。水龙者灭火之具也。新法为洋龙，172
旧制为土龙。我乡旧多火灾，大抵由煤油灯不慎失火。每至冬日，雇人于夜间遍行街巷，高呼“寒天腊月，火烛小心，大人勿托小官（读如根）”。借以警戒。自用电灯后，火灾稍减。

---

① 前“记”似作记忆解。

十一、记春台戏及演剧筹款

春日诸乡醵钱演剧酬神，谓之春台戏。闻之故
老，清末多崑曲班，名曰老全福，谓之文班。其时小
生有沈月亭，二面有陆寿卿，小面曰阿多，五旦有丁
173 兰孙，六旦有施桂林。陆寿卿演《南楼记》之王文，
双颊能抽搐，有“活王文”之称。民国之初，崑班虽
仍于诸乡演出，然京剧已盛，大抵订戏多京班，老全
福终于解散。唯乌桥头向不订京班，每岁仍演出崑
戏，至老全福解散而后已。抗战前崑曲仙霓社曾改为
水路班，乌桥头则仍延之演春台戏。人言乌桥头观众
虽是农民，于唱辞不甚了了，然耳濡目染既久，颇能
举其辞，于举手投足、一招一式之间，辄能指其瑕
疵。有正旦演翦髮卖髮，指上有金约指，忘脱去。观
众哗曰：“金戒子可以典质，何劳卖髮！”径入怀，遽

脱约指，加白云："指上戒子，嫁时爹娘所赐，也可卖得"，即脱约指审视曰："原来是铜的。"即掷之台下。于是众报以彩声。老全福班余仅于镇城隍庙酬神戏一见之，犹记剧目有《西厢记》之《游殿》、《跳墙》、《着棋》，《长生殿》之《闻铃》。时当为民国六七年间。

我祖母蒋夫人好观剧，闻有春台戏，常雇船携余 174
及余姊偕邻妪往。尔时已皆是京剧。儿时有长靠武生，人呼之为小聋髶者颇有名。组班曰"小聋髶班子"，演《长坂坡》、《挑滑车》等。小聋髶班子其后解散。后起组班皆称舞台，有大舞台、天蟾舞台，则上海戏园名也。须生戏盛行汪笑侬派，《马前泼水》几于为必点之戏，其"我的妻说的那里话"一段二六，家喻户晓，殆如崑曲盛时之"家家收拾起，户户不提防"。《献地图》亦常演，西皮原板"久闻皇叔乘天运"一段亦极流行。《骂阎罗》间亦演出。而《哭祖庙》、《党人碑》则余所未见。常演之剧，须生有《黄鹤楼》、《群英会》（《草船借箭》，而不带《借东风》）、《空城计》演出最多。他如《李陵碑》、《辕门斩子》（《洪羊洞》罕演，即《探母》亦少见）、《打严嵩》、《逍遥津》皆多见。对儿戏多演《武家坡》而少见《汾河湾》。“一马
175 离了西凉界”亦家弦户诵。《游龙戏凤》、《斩黄袍》、《三娘教子》数见不鲜。花衫大都为对儿戏①，《彩楼配》、《祭江》等罕见演出②。小生戏则《辕门射戟》、《白门楼》偶见。黑头戏则□以《探阴山》③、《黑风帕》、《打龙袍》、《草桥关》演出较多。今日盛行之《铡美案》、《赤桑镇》余从未见过。老旦戏多演《钓金龟》、《徐母骂曹》。大约净角④、老旦大抵为开场戏。乡人所重者武行戏，尤重短打。三本《铁公鸡》⑤，真刀真枪，亦几于点戏必有之剧。他如《白水滩》、《四杰村》，黄天霸戏之《恶虎村》、《落马湖》、

---

①“花衫”二字干写，据印痕残笔补。“衫”与“大”原重叠。“花衫”右行末与上原有“青衣戏”三字，“衣戏”二字被圈涂，均不录。

②“江等”二字原部分重叠。

③“□”字清晰，作“[illegible]”，不识为何字，存此备考。

④“大”与前“。”原重叠。

⑤“铁公鸡”三字干写，据印痕残笔补。

《虮蜡庙》亦常见，而《连环套》较罕见。又有《伐子都》、《周瑜归天》、《活捉吕蒙》、《火烧裴元庆》诸剧，跌扑滚打，最后跳三桌中，极为火炽，人所乐见（《竹林计》、《火烧余洪》亦此类，却绝未一见）。长靠戏《长坂坡》、《挑滑车》最多见。玩笑戏则《小放牛》、《小上坟》、《探亲家》时时见之。儿时有武戏曰“三上吊”，为缢鬼讨替事，殆如今之杂伎①，并无剧
情。吾乡赞叹人之有绝伎者，辄曰“括咠，三上吊”， 176
可知此剧之流行。然余稍长即不复见有演此剧者矣。又有《纺棉花》、《花子拾金》、《戏迷传》，皆一人学诸家各派，乃至生旦净丑，并以一人歌之。京剧中偶亦杂有秦腔戏②，常演者为《红梅阁》，《阴阳河》亦屡见。

当时演剧先击打锣鼓曰闹场，开场有副末上场，俗谓之“开口不动手”，亦不知所念为何等语也。次则天官赐福，曰“跳加官”，手持缎制平金之长幅，上大

---

①“如今”二字原部分重叠。

②“京剧”二字干写，据印痕残笔补。

书“风调雨顺，国泰民安”等吉祥语。又次则跳财神，
手持金元宝。又次则曰福禄寿三仙上寿。然后演剧，
名曰开场六阕，其第六阕必为武戏，名曰“打腰场”，
腰者，我乡俗语，暂停之意也。然后正本六阕。剧终
有一生一旦上场，不作一语，交揖而退，谓之“老旦
177 做亲”。盖自旦至暮，凡演十二阕，有时正本之后又有
加演，谓之后场。剧目之多如此。

凡演剧，不论乡间之春台戏，镇上之庙戏，皆酬神也。必有一神为主，延他神为宾。主者之神坐头轿中，二或四人举之置于庙门侧，若迎宾者。他神之舆至，则相与微倾其所坐之轿，有人曰门子，相与酬答数语，若揖让者。诸神皆入，然后主者之神始入末座，各以尊卑序位次，金龙四大王爵最高，坐于首位，其他火神、财神、城隍等列坐，土地秩卑①，不得与也。关帝爵最高，人谓若延关帝则诸神皆不敢列坐，故独不延关帝。诸神坐皆在后，其前空地，若在神庙则为广庭，观众皆骈立仰首以观剧，谓之“观当台戏”，当台并立

①“土”与前“，”原重叠。

观，虽官绅亦不得于神前置台坐观。妇女儿童有财力 178
者，往往置高櫈，列于两侧，登坐其上。镇之城隍庙
演剧，则于庑下东西侧置台，上设几椅，官绅家属酬
庙祝以钱，登台列坐，名曰“小台”。

约在民国八九年间，孙天雄创立商业学校，谋建
课室，而乏资，遂创为演剧筹款之举，此为我镇演剧
而非酬神之始，亦购票入座之始。剧场即在中水港小
学内之操场①，上覆芦席，下铺地板排列座位②，分
头、二、三等。本村木板皆假之木行。演出之台略如
乡间春台戏之制而杀其高度，台前亦列电灯（俗谓之
照脚灯），则假之苏州剧院。然其时我镇尚无电灯，不
知何以能有光。台两旁皆悬汽油灯，夜戏则燃之。先
推售长期券，价五元，殷实商铺及居民有购二三纸者。 179
大抵长期券之收入已足偿所费之半。

其时水路班皆称舞台，所约之班有全舞台、天蟾

---

① “在中水港”四字干写，据印痕残笔补。

② “铺”原作“辅”，后将“辅”圈涂改作“铺”，误将前“下”亦圈涂，此处无“下”语义欠阙，不取。后文亦有“下铺木板令高低适中”之语。

舞台、金舞台及大舞台。全舞台首场演全本《大名府》，班主名卞银奎，人称“小北京”，饰卢俊义。上海方盛行连台本戏《狸猫换太子》，天蟾舞台得其本，三日夜戏皆演《狸猫换太子》，“九曲桥陈琳抱妆盒”一场且有机关布景，乡人见所未见，大为哄动①。饰陈琳者名赵庆亭，武生也；饰寇珠者为伍凤春，常在上海诸游艺场演出。日间则演折子戏。天蟾舞台挂头牌者为董吉瑞，长靠武生，本戏中无所施其伎。短打武生曰小毛包，与董合演《四杰村》，则董饰教师（《绿牡丹》书中姓雷②，而剧中鲍自安呼之为廖贤弟③），小毛包饰余千④；演三本《铁公鸡》，则董饰向荣，小毛包饰张嘉祥。主角为小毛包，然董挂头牌，赵庆亭、小毛包不能与之争也。

180 大抵天蟾舞台卖座最盛，不仅座无虚席，且有愿立观者。全舞台、金舞台上座亦佳。最后二日为大舞

---

①“大”与前“见，”原重叠。

②“雷”，《绿牡丹》书中名胜远。

③“廖贤弟”，《四杰村》剧中名“锡庞”。

④“余千”，《绿牡丹》书中作“余谦”。

台①，角色及行头均不能动人耳目，加以大雨，第一日上座不佳，次日雨更大，遂任人入观，不须购票。此次演剧，得利甚丰，课室得以落成。

此后十馀年间，中水港小学及城隍庙多次演剧筹款②。城隍庙本有戏台，亦于院中搭芦席棚③，下铺木板令高低适中④。庙本有一花园，花园东偏有楼，面西，有墙与正院隔绝，墙稍圮，遂毁其上端，楼之面西者改而面东，以此为包厢⑤。余年稍长，负笈沪渎，唯寒暑假返里，偶值演剧，间一观之，已不能详。记当时演《狸猫换太子》连蝉不已，其后实皆包公戏也。
有沈韵秋者⑥，前饰陈琳，后饰包公，其人似本须生。 181
上海天蟾舞台始演《狸猫换太子》，常春恒以武生饰陈琳，然不闻其饰包公。独李桂春（小达子）先饰陈琳，

---

①“后二”二字原重叠。

②“中”与前“间,”原重叠。

③“中搭”二字原重叠。

④“下”与前“,”原重叠。“铺”原误作“辅”，据前例径改。

⑤“以”与前“,”原重叠。

⑥“韵”上原有“小”字，系先生初忆作“沈小秋”，后改作“韵秋”，而忘将“小”字圈涂，不录。

后饰包公，桂春初习秦腔，后改京剧，本须生也。包公为黑头本行，以须生应之，亦创例也。须生又有于筱侬，自言本北京中法大学生。最后有孙百龄，年才弱冠，嗓音高亮，学刘鸿声。余曾见其演《逍遥津》，饰穆顺者为小龄童，汪派须生也。小龄童饰穆顺极卖力，彩声不绝，过于主角，内行谓之曰“啃”。孙百龄被啃，力图争胜，唱“欺寡人”一段三眼，增入唱辞（“欺寡人”本可多可少，少或止四，多可至十馀）乃至鼻衄。青衣余唯忆有孙若英。而短打武生小毛包仍常出演，《九江口》饰张定边，颇能得彩。其后又有“小小毛包”，不
182 知是否小毛包之子或徒，武工极佳，人言其姓俞。清末著名武生俞振庭，人称俞毛包，岂其后裔耶？

春台戏绝响多年，抗战前耕读村、乌桥头曾有演出，余适在家，亦逐队观之。乌桥头为“文班仙霓社”，改名为“全福班”①，继旧名也。犹记朱传茗演《絮阁》②，施传镇、方传芸演《对刀步战》、《别母乱

① “改”与前“社，”原重叠。

②《絮阁》为《长生殿》折子戏。

箭》。耕读村演京剧剧目已不能记忆。

值春台戏①，卖诸食物者纷至，有若麦芽饼、米花、粽子之属，亦有人携木制之盘，形制如竹篮，有白鸡、肚子、酱肉、酱蛋等，名曰“朝桶”。又有酒摊，亦有下酒物。又有赌场。酒摊、赌场或有芦席棚，或张布幕，或并此而无。酒徒、博徒自四方蜂涌而至，轰饮聚赌自朝至暮，未尝观戏。日暮而归，问所演之剧，茫然不知也。赌博本干例禁，虽不能绝，然常无 183
公然聚赌者（麻将例外）。唯春节五日及春台戏皆开禁。其赌法大抵为摇摊。其法以色子四颗置于摊盆而摇之。四点为青龙，五为白虎，六为进门，七为出门，至八点又为青龙，以此类推。押中者，一偿二、七倍。余闻之如此，然未尝亲见也。

①“值”与前“。”原重叠。

十二、记电影及文明戏

余六七岁时，北河西街孙章甫宅放映电影，时谓
之影戏，票价一角。余随家人观之，记为闹剧，似已
有卓别林，剧情为警察追捕一人，其人逃逸，种种趣
事。似有所谓“五彩片”，为美女舞蹈，然记不甚真。
此后不闻有继。九岁时，父携余至上海配眼镜，始至
184 卡尔登影院，片名《聋人唇语学》，记聋人观他人唇
吻，即知其作何语，实一科教片也。

在孙宅演出者又有文明戏。大约亦在六七岁时，所演为《杀子报》，内容为有妇与人通奸，为子所窥破，乃杀其子，分尸置瓮中。其女知之，以告其师，案遂败露。此为清末南通实事。嗣后文明戏罕来我镇。一岁春节，余随母至南浔外家①，值演文

① “母至”二字原重叠。

明戏①，所演为《孟姜女》、《刁刘氏》、《双珠凤》及《蒋老五殉情记》。蒋老五者上海妓也，狎客有商人罗宾生②，昵之，有婚娶之约。罗宾生经营之店，货皆日本出产。五四运动起，各界愤起抵制日货，罗宾生亏折破产自杀，蒋老五亦自缢，此上海实事也③。其时女角皆男扮，作苏州语，男角则作京话。诸剧并有唱春④，
《孟姜女》春词“正月里来是新春”，讫今歌坛犹有歌之 185
者。《蒋老五》、《刁刘氏》并有《十怨》。《蒋老五》唱春亦家弦户诵，与《孟姜女十二月词》同。然我镇绝少演文明戏。唯忆城隍庙曾有演出，余一往观，所演为《杨乃武与小白菜》。他日尚有《双珠凤》、《三笑》等，余未之见也。

文明戏大都内容与表演均极低下，不值一观。余十四岁（实十三岁）至上海就学，其时正规之话剧，名为“爱美剧”，记曾观《少奶奶的扇子》，此为英名

① “值”与前“，”原重叠。

② “罗宾生”，当时报道或作“罗炳生”。下同。

③ “上”原作“上上”，衍一“上”字，径删。

④ “唱春”即“唱春调”，又名“四季调”、“孟姜女调”，为常州民间曲调，始于清代，民国盛行。

作家王尔德原著改编，与文明戏相较，高低不可以道里计。而共舞台则仍演文明戏，记郑正秋亦在共舞台演出。

十三、记平望方言

我乡俗语大抵与邻镇同，与苏州亦略同。然余往 186
日所习闻者，今或已人所不解。我乡谓人不慧，常为人所欺者曰“呆大”；谓不解世务，言行每多乖异者为“毒头”，书痴称“书毒头”，流传多“毒头女婿”笑谈，皆蠢不解事之婿也；谓勇于任事或致代人受过者为“赣大”。“呆大”、“毒头”、“赣大”相似而实不同，“呆大”、“毒头”皆贬辞，而“赣大”似贬实褒，受之者不怒也。①

谓人之忠厚，犯而不较者为“好人”，“好人”有懦弱之意，非与恶人为对辞。谓工心计曰“坏”，谓某人“坏”，即指其工心计，非谓道德败坏。然联称“坏人”，其义与恶人相类。妇女斥男子“坏”，更为调笑

① “也”下原有“谓”字，疑改另段书写而漏圈涂，不录。

187 亲昵之辞，受之者当喜而不怒也。谓工于捉弄人者曰
“刁钻促客”，“促客”盖捉狭之义，音微变耳。谓人之
固执不听劝喻曰“梗”（音似工去声①，无此字），如
此之人谓之“梗个头”。俗谚有“好人只怕梗”之
语②，谓好人遭事退让不争，忽固执不听解喻也。谓事
多忙碌，应接不暇③，或语争吵及诸烦恼事，曰“头盔
倒挂”，形容其狼狈也。人有馈赠礼物，推让之辞必曰
“天打、天打；罪过、罪过”，意谓受此厚馈，当遭天
谴也。然此唯乡间老妪有此语，镇上人不道也。闻之
故老，昔时“天打”、“罪过”以外，尚有“捉乐、捉
乐”语，“捉乐”盖即“作弄”语讹，意谓如此厚馈，
实是捉弄人矣。然余未尝闻有人道此。

谓儿童曰“小牢什”。同行、共事、同游者并曰
“淘伴”，儿童曰“小淘伴”。童养媳曰“养（读如样）
188 新妇”④。赘婿曰“招女婿”。子死为媳招夫曰“填黄

---

①“工”上原有干写痕迹，然似是勾画而非文字，不录。

②“语”字干写，据印痕补。

③“暇”与右行“争”原重叠。

④“童”与前“。”原重叠。

泥肍（读如胖之上声）”。婿未婚而登岳父母之门谓之“毛脚女婿”。处事不当致受损者曰“瓮（翁之去声）肿”，或单称曰“瓮”。婚时，婿举止失度者曰“卖牛”。称十六七至二十左右之男子曰“曹里头”，盖即弱冠之谓①，然不知何义。子妇不孝翁姑谓之“派剌”，盖泼辣音转，入声读去声。泼辣本指妇人悍者，非专指子妇，然悍妇之于夫、于亲□皆不蒙是称②。有心疾者谓之“痴子”，犹北言之疯子③。痴本言騃不解事，晋人言顾长康“痴黠各半”是也。云痴者初意盖讳言心疾耳。谓儿童曰“小牢什”④，盖即“小儿曹”之音转。谓妄语曰“瞎话”⑤。谓慢曰“摸阁”，谓人感觉迟钝亦曰“摸阁”。始有曙光，日尚未出之时，谓之“乌黑胧胧”。欲雨未雨谓之“□乎乎”⑥。怀孕曰

---

① “冠之”二字原重叠。

② “□”右部与右行“辣”左部原重叠，不识为何字，疑似“例”字。

③ “北”與前“犹”原重叠。

④ 此句与本段首句重，盖忘前已写也。

⑤ “谓妄语”三字干写，据印痕补。

⑥ “□”左上部与左行“吴”字原重叠，笔画完整，作“[illegible]”，存此备考。

“有喜”，产妇在床曰“做舍姆（并吴音）”，将产曰“达月”①。

称父曰“伯”②，称母曰“姆妈”，称乳母曰“阿妈”。仆妇曰“老亲娘”，仆妇与主人苟合曰“搭脚老
189 亲娘”，犹北方之“上炕老妈子”也。

谓跛者曰“跷脚”。谓短视曰“眯挤（读若妻□）”③，“眯挤”形容短视者视物之状，音转又曰“抹趋”④。物之坚牢者曰“市货”，质量低劣者曰“行货”。唐以前交易商货必在市，市以类分行。器不良者，谓之“行滥”，有罚。“市货”、“行货”之称殆起于是。谓缝针曰“引线”⑤，谓伞曰“竖立”，谓邮票曰“龙头”，盖清代始印邮票画龙也。

---

① “将产曰达月”五字与下文“称父曰伯，称”原重叠，干写，据印痕补。

② “父”字干写，据印痕补。

③ 按“挤”之“读若妻”，虽为平望方音，但与中古音合。中古“挤”有二音，其一为相稽切，平声齐韵。“□”不识为何字，似是拼音，存此备考。

④ “曰抹”二字原重叠。

⑤ “谓”与前“。”原重叠。

十四、记翁海村《平望竹枝词》

翁海村（名广平）先生为嘉道间学人，精于金石之学。桂未谷著《札朴》①，海村为之序。《平望志》为海村创修。日本有《我妻镜》一书，为彼国之史，海村续之，为《我妻镜补》，武大图书馆藏有抄本②。清初湖州庄氏史案为文字大狱，吴江名士颇有罹祸者，而我乡潘力田先生与焉。海村授读南浔镇，访之故老，搜集遗文，曾作纪事，颇多异闻，然亦有传闻之辞，

① “未谷”名馥，字东卉，号雩门，别号萧然山外史等，曲阜人。乾嘉著名学者，著述甚丰，有《札朴》、《晚学集》、《缪篆分韵》、《说文解字义证》等行世。

② “我妻”当作“吾妻”，日本汉字，音读曰“あずま”，“东”也。此处专指日本关东镰仓幕府所在地。“镜”者“鉴”也。故此书又名《东鉴》，镰仓幕府佚名史书。并翁海村之《吾妻镜补》，大陆皆仅有抄本流传。详参冯佐哲、王晓秋：《〈吾妻镜〉与〈吾妻镜补〉——中日文化交流的历史见证》，《文献》1980年第1期，第185—194页。

不尽可信。余家旧有海村手写《平望竹枝词》字轴。
日寇内侵，先父携至上海，今不知所在。余犹忆其第
190 一首云：“登桥一望与天平，平望端由此得名。最好暮
春三月里，樱桃湖上听黄莺。”以莺脰湖为樱桃湖，前
所未闻，或因协平仄之故。其他三首有“渔庄蟹舍乱
菰蒲，一幅水村杨柳图”，又“生憎莺脰湖边水，分入
前溪与后溪”，全篇不能忆矣。

海村两子，长名大年，次名雒（字小海），皆有文名。小海善画，画龟最著名。其后有印石（名寿祺）①，清末举人，精于鉴别，亦能画，曾参吴大澂幕府。一任广西知府。印石居苏州，子名瑞午，为医于上海。其居于平望者有季虎，与我祖同学相善，少于我祖殆十岁，余犹见之。尝言海村旧藏陶弘景《旧馆台碑》宋拓②，为海内孤本，翁氏世守之，至季虎时以贫始售之人③。

---

①“印”原作“梅”，圈改作“印”。下文“梅石”漏圈改，据此径改。“印石”通作“印若”，“寿祺”通作“绶祺”。翁绶祺，事迹散见《广印人传》、《清代画史补录》诸书，不具录。

②“旧馆台碑”全名作“许长史旧馆坛碑”，作“坛”不作“台”。

③“季”原误作“秃”，据前例径改。“始售之”三字干写，据印痕残笔补。

十五、记小食

平望虽小镇，然小食品类甚多，持以为生者不下 191
数十人。肩挑、手提者络绎于道。肩挑者有馄饨、汤圆、肉塞面筋、粉条、水豆腐花、豆腐干。豆腐干有二，一曰油水豆腐干，亦曰臭豆腐干。臭豆腐干者，以盐渍豆腐，俟干，以油煠之。曰香豆腐干①，则寻常之腐干。手托者，有纸豆糕、绿豆糕、糖拌梅子，皆承以木盘。携桶者有火肉粽子、粢饭团、生炒白果。又有携木制之具，形似竹篮，置白鸡、酱牛肉、酱蛋、肚子之属，名曰“朝桶”。有麻团，以糯粉和以糖，捏成团，食时又置黄豆粉中，粘着呈黄色。麻团亦肩挑负担。有于木制篮中置青梅、橄榄及黄连头。凡此诸

① “曰”前按前文似缺“一”字。

食品，业此者或止一人①，如汤圆、肉塞面筋、粉条
等，若粽子、糖拌梅子、粢饭团，皆不止一人。沿街
192 叫卖，手提、手托者大都入诸茶肆，交替往来。有设
摊者，若鸡蛋糕，以铁盘为型，面粉和鸡蛋及糖，实
以猪油及豆沙，置铁盘中烤之。冬日则有烤山芋。余
家斜对门之米肆旁隙地，冬日有团子摊，平时无之。
秋冬间有糖炒栗子摊，至于花生（我乡谓之长生果）
则随时有之。别有酒酿担，酒酿贮于陶钵，可以市买，
亦可以抽牌九。其法以竹筒贮竹筹，上刻骨牌二十六
张，每抽一次则下注铜元若干，挑担者与下注者各抽
之，胜负如牌九法，下注胜者得一钵之酒酿。此虽赌
博，然胜负微，不禁也，名曰“拔酒酿”。凡此皆肩
挑、手携、设摊之小食②。

---

① “止一人”与右行“橄榄”原重叠。

② 此后又记饭馆卖馄饨、面条等小食及茶食店卖油条、葱油饼等，与前不全重复，然皆圈涂，不录。

十六、记平望米业

我乡米业本盛，见明人小说即有平望人以贩米为 193
业者。清道咸间，我家开设“唐大昌”米栈丝行，毁于兵燹，讫未复业，而乡人犹习称我家为“唐大昌”。他若黄大丰、李孟昌①，皆久于停歇，亦习称其家如故。傍前街之市河亦习称为米市河，知当时两岸米行之多。然民国初，米业已衰，以余所知，较大之米行唯有源昌裕及源昌丰，皆股份集资，非独家经营。

源昌裕在西塘街，初名源丰裕。“六疏兜”沈氏所有股份及独资者，行名皆有“源”字。“丰”者黄大丰也②。其后黄氏退出，我家入股③，更名源昌裕，“昌”者唐大昌也。入股者“六苏兜”沈少堂及侄存

① “孟”字上“子”下“皿”原重叠。

② “大丰”二字原重叠。

③ “家”原作“加”，笔误径改。

斋各一股①，凌倬云二股，王某一股，我家二股，每股
194 千元，计资金七千元。经营十馀年，三十年代中资金耗尽，议改组。沈、王两家皆退出，新入股者殷味三两股，凌星坛两股，凌倬云已死，其赘婿某二股，而我家增资为四股，合资万元。仍用源昌裕旧名，而加以某记为识。

我家有股份者又一家为源昌丰②，在下塘。入股者较多，“源”为沈氏，“昌”为我家，“丰”为黄大丰，其他有殷味三、吴会丰主吴荷卿、黎里黄鹤来、徐氏及同里金氏。沈氏后亦退出，其股或转归为殷味三，故殷味三有四股。黎里黄氏之股转归我家，故我家有二股③，其他皆一股，合资亦万金。

源昌裕、源昌丰为较大之米行④。日寇内侵，先于平望投弹，源昌裕储米之屋倾圮，储米一千数百石为

---

① “六苏兜”外原无引号，据前“六疏兜”例补。“苏”即“疏”。

② “我”字干写，据印痕残笔补。

③ “二”字干写，据印痕残笔补。

④ 本行原干写“源昌裕及源昌丰为较大之米行”，发觉后，覆盖再写“源昌裕、源昌丰为”而未完，兹据文意补“较大之米行”五字。

败屋所覆盖。时存款殆以万计，事已亟，司事者陆先 195
生谋之股东。我父以为存款必还清，不足则商之存户，利息稍缓，以故源昌裕不负存户钱。源昌丰储米均被劫，而资金存款由司事者李五先生携之黎里。源昌裕之米为败屋所覆，日寇不知也。于是两司事者相谋，贿平望之汉奸，昏夜运之黎里。遂于黎里合营，命名源昌合。我家展转避寇，次年之秋始至上海，始知有合营之事。其后源昌裕于平望复业，皆凌某与唐伙经营，他股东不问焉。其源昌合在黎里如故。两行并于解放后解散①。

其他，西塘街源昌裕之西邻为源记行，震泽人吴叔云所营，规模甚小，其后稍扩展。又西有源丰泰，沈存斋退出源昌裕后，独资开业，然数年即倒闭，所负存款不能尽偿。以余所知，平望米行倒闭者唯此一家。

其在前街者有源裕，店主为沈少堂，少堂死，停 196
业。有范正昌，店主范彬仪。彬仪父名子龙，善书，

①“行”字干写，据印痕补。

余儿时见积谷仓悬“民莫不穀”一匾额，子龙书也。彬仪少师画家金心兰，能画花鸟。农人所粜之米，虽已脱粒，但不能净，必再舂之使白。旧时舂米，以木为架，雇人足踏舂之。范正昌始购柴油碾米机，余儿时置碾米机者唯范正昌。范正昌短于资，其后停业。又有王大昌，称碾米厂，其机殆即购之范氏，亦在前街。

其在东溪河者，有小米行数家，其名不能悉记。平望米行余所知者不过此数家。

米行之大者，冬日籴米，岁尽储米常一二千石，以时鬻之沪渎。小者朝籴而暮粜于友行，稍增其价以为
197 一日之利，所储米甚少，犹大行之支属。然大行有若源昌裕、源昌丰资金不过万元，源丰泰亦大行而资金益少，冬日日籴进数十石，储积千石以上，资金不足以运转，平望无银行、钱庄，所恃者存款。多田之家，地租所入类存之店肆，而大行之股东类皆地主。农人粜米以纳租，地主即以所获存之本行，米行又即以籴农人之米。加以小户存款亦数千元，故运转之金常数

万元。股东之股息为常年一分，存款之息为月息一分，
每岁偿息且数千元，无问盈亏。盈利或不丰，则所偿
息金必耗其本。米行又常以钱贷农人，其息至二分、
三分，至冬偿之，谓之放乡帐。农人日益困，多不能
偿，而地租之追呼，或执系其人。于是所放之乡帐徒 198
存于计帐之簿籍。往日源昌裕之亏折半由于乡帐之放
失，乡帐之放失又由于地租及债负之重。其因果相承
盖如此。

合股之米行聘老于是业者一人主其事①，名曰挡手，经营及用人皆挡手主之，股东不问也。资金运转悉在挡手，然绝不闻有挡手中饱以及挟款潜逃之事。日寇入侵之时，源昌裕、源昌丰并有现金不下万元，源昌裕挡手陆先生悉以偿存款②，源昌丰挡手李少云携至黎里，藉以复业，皆未尝侵蚀分毫。假使当时挟以潜藏，乱离之时，谁能穷究。破产潜逃者独一沈存斋，则店主非挡手。

---

①“合股之米行”五字干写，据印痕补。

②“源”与前“，”原重叠。

十七、记南浔中学

199 南浔为浙江大镇①，以富著称，而素无中学。一九二八年，诸卒业及肄业于大学者谋创立中学。其时国民党始定都南京，发行公债，强南浔诸富家承购。刘湖涵派购五万元。刘湖涵为沪上大房产主，而騃不解事，经营管理皆由我外祖颂驺先生主之②，乃以此五万公债券悉数捐助为创立中学基金③。他富家亦有所捐助，于是集基金殆不下十万元。创议诸人有沈调民（圣约翰大学文科毕业）、沈石骐（圣约翰大学文科二年级）④、李庆昇（东吴大学法科毕业）、丘调梅（东

① “南浔” 二字干写，据印痕残笔补。

② “外祖颂驺” 四字干写，据印痕残笔补。

③ “乃” 与前 “之，” 原重叠。

④ “石骐” 与后 “石麒” 为一人。2019 年 12 月 13 日，余与刘莹率 “唐长孺读书笔记整理与研究” 项目组至南浔考察，见浔中 “校史陈列室” 绍介沈氏，其名皆作 “麒”。

吴大学理科毕业）及我舅刘季雅（名承棫，外祖之幼
子，南洋大学铁路管理系毕业）。基金既集，乃以报国
寺为校舍。报国寺者，宋以来古刹也，然香火寥落，
仅寺僧三数人居之。诸人逐僧去，又兴建课室及办公
室十馀间，开学招生。诸人皆少年任气。寺有铁佛， 200
相传为宋时物，然实清代所铸。校以大殿为礼堂，乃
碎铁佛。寺僧既被逐，诉于镇之士绅，勿善也。一日，
沈调民与其侪辈饮于市，既醉，过张王庙，相与谓我
辈创立学校，亦当破除迷信，入庙击山门之神曰王灵
官者，碎之。镇人诧言沈调民打王灵官①。于是庞莱臣
及他士绅数人诉于县，谓诸人破坏古迹。调民等亦据
镇志驳之②，谓铁佛实清末所铸，非古迹。事虽得解，
而调民为镇士绅所侧目。调民先已被推为校长③，乃
辞职，任教师如故。沈石骐者，庞莱臣之外甥，诸人
欲以石麒继任，而石麒未卒业大学，碍于资历。当日

① “镇”与前“。”原重叠。“王”原作“王王”，衍一“王”字，径删。

② “调”与前“。”原重叠。

③ “调”与前“。”原重叠。

201 饮于市，我舅氏偶以事不与，以故击王灵官者无舅氏，指目所弗及，于是群推舅氏为校长。数年间任教职者，二沈、丘、李之外，先后聘盛明若、钱公侠（皆光华大学文科毕业，长于文学）、斯谨厚（浙江大学生物系毕业）、蒋某（亦浙大生物系毕业）。师资在私立初中间颇强。今作家徐迟，其首届毕业生也。数年我舅氏以我外祖命，去之上海佐理刘氏房地产事。而沈石麒于其间复学，卒业于圣约翰大学，乃以石麒继任。

浔中基金不薄，以兴办农场而损失甚巨①。校董中有周柏年者，老同盟会员也。以鲠直与当国者忤，不得志，仅为浙江省国民党部委员。力主兴办农场，以辟利源。然无技师②，所饲来克乎鸡，产卵小如鸽卵。
202 又谋改良蚕种，亦无所成，以是损耗。

日寇自金山湾登陆，学校犹授课如常。十一月间，平望陷，镇人一夕迁徙殆尽。师生皆走避。次年，我

---

①“以兴”二字原重叠。

②“然”与前“源。”原重叠。

家展转至上海，浔中旧侣李庆昇、丘调梅、汪弘声、钱公侠及会计俞立人咸在，始知沈石麒竟沦为维持会长①。

太平洋战事起，余入湘任湖南国立师范学院教职，胜利反沪。知南浔中学复校②，然自校长及教师皆新任职者。基金以法币贬值故，荡然无存③。

---

① 此句右并排写“因知沈石麒竟沦为维持会长”十二字，重复不录。

②“校”原作“校校”，二字重叠，衍一“校”字，不录。

③“无存。”与前“新任职”原重叠。

十八、记湘行及国立师范学院

203 一九四一年冬①，太平洋战事起，日军据上海。余时任教于圣玛琍亚女中及光华大学。光大解散，圣校则将于汪伪之上海教育局注册。余不欲留上海，因吕师诚之之介，受湖南国立师范学院之聘，间道入湘。同行者为刘世杰表弟及其姊并姊之子女。时上海旅行社林立，皆以护送赴内地者为业。其人类皆于所经途中有亲识，与敌我两方之乡村主事者相结，故往来得无阻。各旅行社所结连之人与地不同，故取道亦异，然大抵皆经浙东以至金华。

余与世杰等及他客可十馀人，于三月中先至杭州宿，次日渡钱塘江，有小船相候。至一乡村，入一家，

---

①“冬”前原有“冬□”二字，“□”仅写左半，先生发觉有误，即将该二字一并圈涂，在其下重写“冬”字。

其家有瓦屋，有厅甚大，即在其家饭。待至夜半，复乘小舟行。护送者曰：“过此十许里即封锁线，有日寇于山上筑堡守之，然夜间日寇不敢外出，时或鸣枪，乃所以自壮，毋恐也。”既而过一桥，有铁丝网拦之， 204
然网已破裂，船过无碍。桥畔山上日寇之堡在焉。遥闻日寇喧呼，若有所见。护送者又曰：“此皆虚声恫吓，非真有所见。”嘱客勿惊。迳刺船行。又若干里，天明至一地，则为我军守地矣。然实无兵。一便装佩红缨匣子砲者，挟从者数人至，护送者与语，亦不知作何语，其人挥手谓从者曰：“此舟有女眷，谅非奸细，任过可也。”于是复刺舟行至临浦。一宿，易大船行。夜宿船中，至诸暨。一宿，次日晨，以人力车至金华。护送者男子一人，至临浦时已行；一妇人回，随船送至诸暨，次日谓余等曰：“此去至金华，无待护送①。”遂亦别去。

余与世杰姊弟至金华，寓一小客舍②。世杰有亲识

①“无待护送”四字干写，据印痕补。

②“寓一小客舍”与左行“丽水访之。余”原部分重叠。

205 在丽水，往丽水访之。余恐资斧不继，电师范学院汇
千元来。待一周，世杰已返而汇款不至。世杰谓若旅
资不敷者，彼可假贷，于是遂行。时火车仅至鹰潭，
若更南行，必易乘汽车。到鹰潭后，至汽车站，则云
登记者多，一月后始有望。鹰潭本小镇，其时旅客纷
至，当地人构屋，覆以芦席，聊蔽风雨，余等及他旅
客大抵皆寄宿于斯。然膳食颇不恶，面亦佳，价甚廉。
在金华时火腿、香肠皆廉，至鹰潭食面亦不恶。旅客
或告余，久待公共汽车，不若为黄鱼者。黄鱼者，商
人载货之车，司机者私载客，名客曰“黄鱼”。世杰问
讯，或者载客已满，或价不谐。候车十馀日。一日有
空袭警报，人皆走避。余等伏于田野间，久之无所闻，
遂返。经汽车站，见有车在站外，无乘客。世杰入问
站长，则曰：“车当即行，而持票者皆避空袭，不能久
待，可即购票上车。”余等遂径返旅舍①，匆促以衣被
206 诸物纳行李袋中，急往车站，则车犹在，遂购票上车，
他客亦继至，客满，车即行。

---

①“余等遂径返”与左行“纳行李袋中”原部分重叠。

车第一日至南城宿，次日至南丰宿。余见墙上乃有我党标语，盖当日中央苏维埃所书。撤退后，国民党入踞其地，以石灰掩之，久之石灰脱落而标语现。又一日至宁都宿，所居为陶陶招待所，门对翠微峰，明末魏禧等读书处也。次日至太和，时为江西省治。车至太和而止，入湘须易车。太和购票甚易，逗留仅二日即行。第一日至耒阳，次日至衡阳。到衡阳时已昏黑，大雨如注，旅客大都冒雨渡湘江入市。余等衣履皆湿，急欲得栖身之所，讯知近处有旅舍，乃雇人力车往。同行者有吴姓夫妇，及其表弟苏州人张姓。旅舍甚宽大，布置楚楚，自发鹰潭，寄宿之所无如此处，而旅客寥落，颇怪之。后始知机场在北岸，日寇 207
屡炸机场，故旅客不欲居停。

吴姓之妇询知余为吴江人，因言彼本籍绍兴，幼时曾居盛泽。绍兴人寓盛泽者，多开设染坊。余询之，彼笑而不言①。晚间张姓少年来我室谈，始知为邵力子

---

① 陈寅恪《河东君与“吴江故相”及“云间孝廉”之关系》先引《盛湖志·物产门》记吴江盛泽盛产吴绫，然后云：“吴江盛泽实为东南最精丝织品制造市易之所，京省外国商贾往（转下页）

之女及婿。其婿在曲江中国银行任职，即当赴曲江云云。

世杰及其姊赴重庆，共渡江购票。移寓南岸一宿，与世杰等别。余乘公共汽车赴邵阳。既登车，邻座一人告余，至蓝田不必至邵阳，可于宋家店下车，距蓝田较近，从之。在宋家店宿。由此至蓝田，行山间无车，途程可百里。余欲雇人挑行李行。店主告余，山路崎岖，视客文弱，不如雇轿。次晨，遂以轿行。闻宿此小旅舍者，有一兵押运油衣，油衣置车上，曝日
208 中，忽自起火，油衣颇多烧损，押运之兵惶惧，谓受罚且不轻。店主及他客愿为作书证明。时方四月，未甚炎热，而遽有此事。此押运之兵不幸遇此，虽有证明，责罚恐不免，甚为忧之。轿行山中过一处，见有

（接上页）来集会之处。且其地复是明季党社文人出产地，即江浙两省交界重要之市镇。吴江盛泽诸名姬，所以可比美于金陵秦淮者，殆由地方丝织品之经济性，亦更因当日党社名流之政治性，两者有以相互助成之欤?”见：《陈寅恪集：柳如是别传》，北京：生活、读书、新知三联书店，2001 年 5 月，第 335—336 页。盛泽丝业之盛，本书前揭《书秀水王氏事》、《记平望小学》诸文亦尝涉及，可参阅。

木牌上书前数日有客至此遇盗①，一客被杀，悬赏追捕。乃知此道为盗匪出没之地。荷轿者言，盗初不伤人，但劫财物，或僱所服之衣，名曰“赶羊”，此杀人殆与之抗争。是日行至田家坪宿，次日午前即至蓝田镇。

国立师范学院置于一九三九年②。院在安化县属之蓝田镇，镇傍涟水，市多染坊，蓝田之名殆即因此。师院初建大楼一，又图书馆一，学生及教师
宿舍各一③，又赁大宅曰李园及他民房，以居教师。 209
李园者，筹安会六君子之一李燮和之居。宅甚大，然结构皆陋，窗皆纸糊，无玻璃，地无木板。余先所居为金盆院，亦民房也，简陋如之；后移居教师宿舍楼。

院长廖世承（字茂如）④，前中央大学及光华大学

---

①“轿行山中过一处，见”八字干写，据印痕补。

② 按国立师范学院创立于民国二十七年（1938），先生记忆偶误。

③“舍各”原误作“各舍”，据文意乙正。

④“廖世承”，字茂如，江苏嘉定人，教育家。来蓝田前，原任光华大学副校长，故先生特别提及。

教授，兼附中主任，故教师多出自此二校。设有教育、中文、史地、公训①、数学、化学、生物、体育等系②。其教育系有高觉敷、陈一百，其后孟宪承以部聘教授亦来，于时为盛。

中文系有刘豢龙③、马□□（主任）④、骆鸿凯、锺锺山⑤、钱基博诸公。刘为王壬秋弟子，马为章太炎弟子，骆为黄季刚弟子，锺则讲理学者，钱以古文著称，皆一时名宿，然并汲古而不通今。吴世昌于一九四二年末来，授中国文学史，即用钱子泉讲义⑥。钱之文学史始于《易》⑦。始授课，学生即以八卦质难。吴

---

① “公训”为“公民训育”之省称。

② “生物、体育”四字干写，据印痕补。“物、体育等系”原与“教育系有高觉”原重叠。另有英文系，钱锺书尝任主任。

③ “刘豢龙”名异，字豢龙，号隽礼，湖南衡阳人，经学家。

④ “马”后原空二格，系先生一时忘名，欲留待他日填补者。此公名宗霍，原名骥，字承堃，湖南衡阳人，经学家、文字训故学家。

⑤ “锺锺山”名泰，字讱斋，号锺山，别号待庵，江苏南京人，哲学家、古典文学家。

⑥ “钱子泉”即钱基博。基博字子泉，号潜庐，江苏无锡人，国学家，学者钱锺书之父也。先生下文曾专门提及，可参阅。

⑦ “文学史”原作“文学学史”，衍一“学”字，径删。

于卦爻惘然不能对，仅半岁，即不安其位而去。

史地系，余至时无主任。始建校时，即延请吕诚之 210
师，诚之师方为光华历史系主任，谢不应。继又请李剑农先生为主任，剑农先生亦辞。后以谢某任之①，其人学术不足云，一岁亦去。余至院已四月末，未开课。史地系授中国古代史者为梁园东及姚公书（字琴友），授西洋史者吴某及余文豪②。地理则有邓启东、励鼎勋（字则尧）、王炳庭。姚本前中央大学历史系助教，柳翼谋弟子也。久不升讲师，来国师初为副教授，是时已升教授。邓、励、王则皆前中央大学地理系卒业者。梁早岁从事革命，研习马克思主义。是年暑假，去国师至大夏大学。其去也，闻以思想左倾故。余文豪卒业何校，已忘之。其人为青年党人，前主任谢某亦青年党人，荐之，妄言曾留学美国。其时尊重留学生③，尤重留美④，不问学业若何，例得教授。然余实不学，

① “谢某”应指谢澄平，西洋近代史专家。

② “吴某”应指吴澄华，福建同安人，西洋经济史专家。

③ “尊重留学生”五字干写，据印痕补。

④ “尤”上原有“凡”字，被圈涂，不录。“重”、“美”二字干写，据印痕残笔补。

211 学生浸薄之，而留学美国之妄，渐为人所知，同事皆
罕与之接。然妄言留学，实出于谢某，余本不知也。
吴某不知其所从来。余始至，院中同事皆不相识，亦
无人为余绍介。久之，始与同居一宿舍者稔习，而于
系内诸同事犹甚疏。

暑期，国师于南岳为中学教师开设暑期讲习班，余亦与焉。与姚琴友同行，因得相稔。初至南岳，余即患痢，旬月始痊，而讲习班已讫事，竟未一上讲堂。讲习班在圣经书院。卧病月馀，将返，始与琴友登祝融峰观日出，并及他胜地。然南岳唯气势雄耳，乏树石林泉之胜。

返校后，李剑农先生及皮名举皆来。皮任主任。剑
农先生为一时硕彦，授中国经济史及中国近百年史，
212 居教师楼，与余相邻，朝夕相接，余一生治学，得先
生之益者非浅。皮卒业于清华大学，哈佛大学博士，
历任南开大学及西南联大教授，经学家皮鹿门之孙也；
以家在长沙，故就国师之聘。此时来国师者尚有熊德
基，江西人，西南联大师范学院历史系毕业。初至时

为教员，次年升讲师。德基能诗，尤与余稔。其时梁、吴及王炳庭均已他去。

国师教师，例皆授课三门。余任本系及外系中国文化史（实即中国通史），又本系中国中古史。中古史者，自秦汉以讫五代，宋元明清为近古史。余本习辽金元史，其治魏晋南北朝隋唐，实始于此时。次年，又任近古史，然仅至宋辽金元，而余赴乐山，明清部分未及讲也。

蓝田僻左，报纸数日始至。初至时尚有《新华日
报》，其后绝不见①，音讯闭塞。与上海邮信尚通，逾
月乃达。其时法币贬值，物价日昂，国师教师恃工资 213
为生者皆穷困。余孑身一人，膳食外无他用途，故犹
得支济。偶亦有馀，则请同事有亲友在沪者汇寄。来
时所携服装差备，一二年间无待购制。唯袜破，蓝田
但有粗线所制之袜，甚长；又破，则剪去而缝其端。
内衣破亦缝缀之。蓝田无电灯，战时无煤油，然有特
制之植物油灯，状如煤油灯，而中间贮油处有小孔十

①“见”字原被圈涂，但无此字不成文，因保留。

馀，灯芯亦如煤油灯，燃之较旧时油灯为明亮。夜间读书及写讲稿皆恃此。

国师为教育部直属之校，控制甚严。梁园东以思
想左倾而去。教育系有刘佛年，亦以此解聘。时有人
密告国师有共产党甚多，并及教育系教授谢扶雅①；谢
曾留学英国剑桥，其人绝无左倾思想。每周一有纪念
周，由院长或他教师作报告。余初至时，随众入场。
214 一日，院长偶言及“蒋委员长”，学生中忽有多人起
立，于是全场皆起立。前此余未尝见有此②，自是余遂
不复到场。

自刘佛年解聘后，教师有以入国民党为自安计者。居此令人不乐，遂决意他去。会武汉大学文学院长刘弘度以书遗李剑农先生，请其介绍历史系教师，遂因剑农先生之荐，受武大聘。时在一九四四年春。

余在国师二年，史地系同人皆友善。剑农先生治经济史及中国近代史，为一时硕望，余治魏晋南北朝

①“谢扶雅”时任公民训育系教授，恐非教育系教授也。

②“未”原作“未未”，衍一“未”字，径删。

隋唐经济，实受剑农先生之启迪。邓启东与余交尤深。姚公书、熊德基、励则尧、梁希杰诸君并于此时订交，时相过从。数学系有李修睦，中文系有钱子厚（名塈新）、彭铎（字炅乾），皆同居教师楼，朝夕晤谈者也。
启东湖南新宁人，公书江苏兴化人，则尧亦苏北人， 215
德基江西德化人，希杰即蓝田人，修睦淮北某县人①，子厚扬州人，彭铎湖南宁乡人。

钱子泉之子锺书，曾一至国师，余来蓝田，已去昆明，受西南联大聘。锺书博学，曾作小说《围城》，中言“三闾大学”事。三闾大学者，国师在湘，而西南联大为北大、清华、南开三校之联合②，中所述颇多涉国师及联大诸教师事③。

---

① 李修睦为安徽和县人，和县在淮南，不在淮北。

② “三校”原作“三校三校”，衍“三校”二字，径删。

③ 按“三闾”者，楚官也，屈原尝任之。故《围城》所言“三闾大学”者，应指楚地大学也。民国二十六年（1937）8月，国民政府教育部决定组建国立长沙临时大学；11月，以北大、清华、南开三校合并之国立长沙临时大学正式在长沙开学；后因长沙连遭日机轰炸，翌年（1938）2月中旬，经批准，长沙临大始分三路南迁昆明，改称国立西南联合大学。故《围城》所记，当为长沙临大及蓝田国师事，与西南联大固无涉也。

十九、入蜀记

216 余于一九四四年春，受武汉大学之聘，时武大迁在四川乐山也。既而湘桂战事起，日寇陷长沙。学校谋迁湘西，提前放假。师生之湘籍者皆返乡。入蜀必经湘桂路，日寇方攻衡阳，闻火车仅通至冷水滩。启东新宁人①，谓余可至其家转冷水滩。时有新宁学生数人归乡，因与偕行。同行者尚有一段姓老妇，周南女中之职员也；又有夏姓女，为周南中学学生②，亦新宁

---

① 先生本文写于前揭《记湘行及国立师范学院》文后，故前文提及之人，本文皆用省称。此处“启东”指邓启东，湖南新宁人，先生国师同事兼好友也。下文“修睦”指李修睦，“弘度”指刘弘度，亦并见前文，不再出注。

② “周南中学”即前揭“周南女中”，为长沙名校，教育家朱剑凡1905年毁家兴办，以《诗·周南》“周之德化先被南方”之义命名，革命者向警予、蔡畅、杨开慧，作家丁玲、胡佩方，中央研究院院士赵如兰，中国工程院院士锺掘，马英九之母秦厚修等，均出该校。

人，嫁陈氏。启东犹以事未行，其夫人子女则先已返，并约于新宁之回龙寺相晤。

自发蓝田第一日，乃于田心坪宿①，次日抵邵阳，
暂止逆旅。邵阳城中人皆谋迁乡，舟轿皆无雇处。市
上人往来匆遽，一若不保朝夕。入夜，诸生觅得一舟， 217
驾舟者为新宁人姓夏，余与段、夏登舟，诸生则委行
李舟中，徒步而返。舟逆芷水而上，一日不过十馀里，
遇雨则停舟以待。芷江两岸多山，山水映发，景物绝
佳。所经村落，宁谧若不知有战事。行数日，始抵回
龙寺，亦一村落也。启东约于刘姓家相晤，余与夏女
乃登岸，入刘宅，则启东已至。启东后余二日行而先
至，则舟行缓也。启东行时，闻国师将迁溆浦云。是
夜寄宿刘氏。

次日与启东偕行，行李置船中，段姓老妇纤足不
能步行，犹留船中。此间桥之大者，上皆有亭，有人
于此卖茶，行久力乏则息于桥亭。所经见有陆羽祠， 218

① "自发蓝田第一日，乃于田心坪宿" 十三字干写，据印痕残笔补。

大书横额曰“作唐一经”。是夜，投宿李姓家。李姓者曾任福建某县长，款客甚殷勤，余与启东共宿一室，即主人之寝室也。床上有台湾所出草席。门外绿草如茵，牛犊四五，或卧或龁草，风景如画。又一日，宿萧姓家。夏氏女之夫家亦即在此，遂别去。是日途中遇雨，衣屦皆湿，主人设炭盆烤之使干。又一日抵白沙，启东家在焉。寓启东家二日而船始至。段姓老妇婿女在新宁县中，仍乘舟上溯。是日，修睦、彭铎及数学系讲师李新民及其未婚妻谭（中文系本届毕业）均来。邓氏屋小不能容，移居于小学课室中，时值暑假，校中无人也。余等并席地而卧。

219 自发蓝田，七八日间于战讯一无所知。至是，始知衡阳尚坚守未陷。火车仍通至冷水滩。余亟欲西行，而由新宁至冷水滩或东安，不通舟车，中隔山岭，时有寇盗掠旅客行李。余孑身无伴，不能遽行，在白沙逗留殆月馀。其间一至新宁县城。湘军将帅刘长佑、刘坤一皆新宁人，两家比屋而居。其他任提镇者又数人。坤一家富，后裔大抵无赖不读书，为乡人所恶。

长佑之后，弘度先生治文学，某治古建筑史①，并执教大学，有盛誉。弘度之侄与启东少相友善，大革命时即加入共产党，其后被捕，陷囹圄中七八年，西安事变起，蒋介石被迫抗日，大赦政治犯，始得出，解放后曾任教育部副部长②。城中有楚南中学③，启东曾任校长，校董刘某，亦弘度侄也，于校设宴相待④。新宁地邻粤西，于县城高处南望，山林绝秀丽。 220

居白沙月馀，战事寂无闻，无报纸可阅，并无收音机，然颇闻日寇投掷炸弹声日益近。盖其时衡阳殆已不守，而新宁仍晏然不知也。忽有讯言东安有库储盐甚多，言将开库任人取携。于是白沙乡人数十⑤，持县乡文牒，荷担而往，余因得随行。为首者唐某，以余同姓，甚关注，山行险峻，则以二人扶掖而上。暮抵

---

① “某”不详所指。新宁刘氏治古建筑最有盛誉者，莫过于刘敦桢，先生或指此公乎？

② “弘度之侄”指刘子载，1926 年入党，曾任高教部副部长，1972 年被迫害致死。

③ “城中有楚”四字干写，据印痕残笔补。

④ “宴”原作“妄”，疑形近误写。

⑤ “人”原作“人人”，衍一“人”字，径删。

东安，凡购票①、担行李，皆唐某相助，并送余上车，可感也。

既上车，则座无隙地，余有行李，又不能舍之觅座，甚窘。忽一少年呼余，视之，知为国师学生，自
221 云何某，本体育系毕业，因言马志琳亦在卧车上，请余往，遂助余挈行装行。至卧车，则志琳携其妹与何君同应广西宜山师范学校之聘。余方苦无伴，见之甚喜。彼三人各有榻位。余日间山行殆六七十里，疲极，遂偃卧榻上。既而车长来，谓旅客多，命皆坐毋得卧。余困极，虽起坐，犹得倚壁假寐。至柳州，当易车，止宿旅舍。余本当迳至独山。志琳谓路途劳顿，请偕至宜山稍停数日。余自前日跋涉山间数十里，当日尚不觉，次日至柳州下车，则足胫酸楚，步履甚艰。在旅舍沐浴安卧，虽稍差，仍不良于行，因诺之。

至宜山，遂共赴师校。宜山，山谷贬谪地也。昔诵山谷诗，不意亲至其地。国师体育系学生有先在宜师
222 任教者某君，相待均极殷勤。停宜山三日，始乘车赴

① "购票"二字干写，据印痕残笔补。

独山。何君与体育系某君送余，至车站有沟，适大雨沟溢，某君背负余跃过。某君与何君虽为国师学生，平时素不相接，而待予尊礼甚至，尤为可感。

上车后，旅客拥塞，不独座无隙地，并地上亦皆堆积行李，旅客皆坐行囊上，余亦如之。宜山至独山不过一日程，而车行时停，每停车，或至数小时，盖皆待运兵之车。如此，凡五日始达独岭。上车第一日，尚有饭或面供应；次日则并水亦竭。然车停，必有乡人持饼饵或饭，并有鸡蛋、排骨售之于客。渴则有茶水①，故无饥渴之患。又有以盆贮水，待客盥洗。唯兀坐行箧上五昼夜，以此为苦耳。

车抵独山，时已昏黑。国师生物系讲师张君，去岁
就任独山铁路局扶轮中学，迳往投宿，并请其代购车 223
票。张君言公车票不易购，当为谋乘商车。次日，余往汽车站，则如张君之言，登记者甚多。及返，张君谓有女教师已购明日票赴重庆，行李已交车站，缚置车顶，而其夫忽患病，明日不能行，将往退票，如余

① “渴”字干写，据印痕残笔补。

急欲行者，此票可转让，但已凭此票托运行李，不退
票则不能取行李。计唯代之携行李之贵阳，而此时又
不能以同一之票再托运余之行李。张君曰：女教师之
夫病已稍差，不日当愈，愈后女教师仍将赴贵阳，可
留余之行李由彼携至贵阳，留一地址，彼此交换。余
思至贵阳后，旬日间恐亦不能成行，则此计亦良得。
国师史地系讲师王炳庭方任教于贵阳师院，因以炳庭
224 寓所以交换之地①，留贮被褥之行囊托彼携至贵阳，而
自携一箱及贮讲稿之帆布包以行。此两件体积较小，
可挈以登车也。议定，遂于次日行。

抵贵阳，假宿逆旅。贵阳有中国旅行社，访之，则
云登记者一月不能成行。留逆旅三日，以女教师之行
李交王炳庭，而彼尚未至。国师中文系教授钱子厚与
余交善，去岁就贵阳大学之聘，因往访之，即留寓贵
大。子厚欲留余于贵大任教。余既受武大之聘，谢之。
225 贵大在花溪，省中名胜也。子厚为余以购票事谋之校

①“炳庭”下原有一“地”字，转行“寓所”上原有“地址”二字，“地址”被圈涂，疑“地”为漏圈涂者，不录。

中同人，数日无音耗。既而闻国师体育系讲师葛君亦
已至贵阳①，寓贵阳师院，遂往访之。葛君言亦将赴重
庆，请人购车票，今得有二介绍信，皆有力者，可以
其一授余，当无不谐，大喜出望外，然犹不敢信其必
有成。急赴车站，迳见站长，以介绍信授之。不意站
长持信去，即以次日之车票二授余，盖信中言葛君夫
妇偕行也。余言今且孑身先赴重庆，内眷姑留此，但
得一车票足矣。方至车站时，本拟于三数日后行，以
待行李，初不料遽以明日票授予也。然得票不易，不
敢有他言，只能委行囊而去。日后始知余行后数日， 226
女教师始至，于炳庭处交换。行囊贮炳庭处②，其后姚
公书至贵师任教，炳庭又以余行囊交公书。十馀年后，
公书以书告余，谓中贮物皆朽败云云。

发贵阳，中经一山甚峻，抵平地止一小车站，司机者云，车下山时忽觉刹车失灵，然方下行，不可停，幸得无事。司机者云，恐旅客惊扰，故默不言耳。在

① “葛君”应指葛衢康，浙江海宁人，在国师曾主办《体育与健康教育》月刊，为当时国内惟一之体育杂志。

② 据上下文，此句前应缺“余”字。

小站修理讫复行。夜宿遵义。次日抵重庆。

族兄炳麟①，抗战时于西南经商，缅滇路时尚通②，于缅之同登及昆明、重庆设有办事处③，转运商
227 货④。我弟仲孺于一九三九年随之去昆明⑤。太平洋战事起，华侨多返国者，炳麟谋与合作。仲孺能英语，于昆明接待，因与新加坡华侨领袖林顺义之孙女美美相识。顺义及美美父均已先卒，其母陈嘉庚女也，与母随其舅陈国庆返国。余至蓝田时，仲孺函告与美美婚。国庆及他新加坡华侨侯西反等皆居重庆之沙坪坝，仲孺夫妇亦遂于此构屋而居。余至重庆，即赴炳麟所设之上海公司。仲孺适亦在。炳麟在昆明。族叔元芳

---

① 唐炳麟，1906年生于吴江盛泽，民国元年江苏省首届议会议员唐伯文之长子也。1937年随沈鹏（安徽庐江人，黄埔五期毕业）少将专员赴重庆公干。1939年在重庆创办上海公司，任总经理。后移居香港。其子唐仲英，1950年由港赴美，现居芝加哥，为著名企业家，成立“唐氏基金会”，在大陆投资兴学，兼作各种慈善公益，颇有影响。今吴江盛泽仍有“唐仲英故居”，已辟为纪念馆，表彰其善举。

②“通”字干写，据印痕残笔补。

③“办”字干写，据印痕残笔补。

④“转运商货”四字干写，据印痕残笔补。

⑤“一九三九”与“随之”六字干写，据印痕残笔补。

及族弟明华亦均在渝，相晤甚喜。居数日，与仲孺偕至沙坪坝。余行囊已弃去，仲孺为制被褥。

其时，前中央大学在沙坪坝，分校在柏溪。国师中
文系讲师蒋云从（名礼鸿）任教分校①，与余友善，
因往访之。云从夫人慎靓霞②，子厚为作蹇修者也。在
柏溪留一宿。时王仲荦亦在此任教，余识仲荦始此。
于食堂饭，同桌有朱东润，知余将去武大，喟曰：“武 228
大人事甚难处，君当慎之。”其后始知，朱本亦任教武
大中文系，与同事不谐，去而至中央大学，故有此言。
武大中文系与国师略同，恶新文学，叶绍钧亦不安而
去③。然其间亦有贻人以口实者④。人言高亨讲《楚
辞》，“目渺渺而愁予”句，释“愁”为北京土话之

---

①“国师中文系讲师”七字干写，据印痕残笔补。

②“慎靓霞”应为“盛静霞”之音误。盛静霞为原中央大学二大才女之一，另一为沈祖棻（其夫为程千帆），均工诗词，有盛名。

③“叶绍钧”即叶圣陶，1938 年 11 月就任乐山武大文学院教授，1940 年 7 月去职，在武大逗留近两年，尝撰《嘉沪通信》，记乐山见闻，颇有影响。

④ 叶圣陶在乐山武大，与旧学刘赜（字博平）、新学苏雪林等均交恶，亦有自身之责也。参商金林：《叶圣陶在武汉大学》，《武汉文史资料》2013 年第 8 期，第 33—36 页。

"瞅"，言男女目成。冯沅君讲《楚辞》王逸注"高平曰原"，乃以"高平"为人名。若此之类。高、冯皆曾在乐山任教而去者。

于沙坪坝留半月，乘船赴乐山。船至叙府，又易小轮船至五通桥。水行至此而止，其上不通航也。船甚小，皆叙府易船，兀坐通夜。同船有乐山纺织学院学生数人，皆上海人。抵五通桥，同宿逆旅。明日当以人
229 力车行。至逆旅后，忽觉所挟行资垂罄，遍搜箧中，更无馀钱，大窘。拟电武大速以钱来。同行之上海学生曰，所短唯人力车钱耳，当以相贷，他日偿还可也。次日，乃与纺织学院学生同行。人力车至篦子街，渡河入市。既渡，乃与诸学生别，仍先投逆旅。中文系教授黄耀先，为黄季刚之族侄，善音韵训诂之学，亦能为古文，子厚旧交也。来时，子厚有书绍介，因先往见之，则子厚已有函至，故已为定寓处，即与耀先同一宿舍，地即在学校比邻，曰月儿塘。文庙在焉，武大讲舍及办事室均即在文庙，距所寓宿舍不过数武①。

---

① 本文至此戛然而止，然语义未竟，似非完稿。

人名索引

米婷婷 编

说 明

一、本索引是《唐长孺回忆录》正文出现的人物姓名或其他称谓的索引，统一按音序排列。

二、本索引以完整姓名为主条，其后括注《回忆录》正文出现的其他称谓；主条后标页码。

三、本索引以正文出现的其他称谓，如单姓、单名及字号等，为参见条，如“李　见李庆昇”。

四、正文仅出现其他称谓，尽力查考完整姓名，列为索引主条；暂未考知者，以其他称谓为索引主条，后标页码。

C

D

E

F

G

H

J

K

L

P

Q

R

S

T

W

X

Y

Z

《唐长孺回忆录》手稿

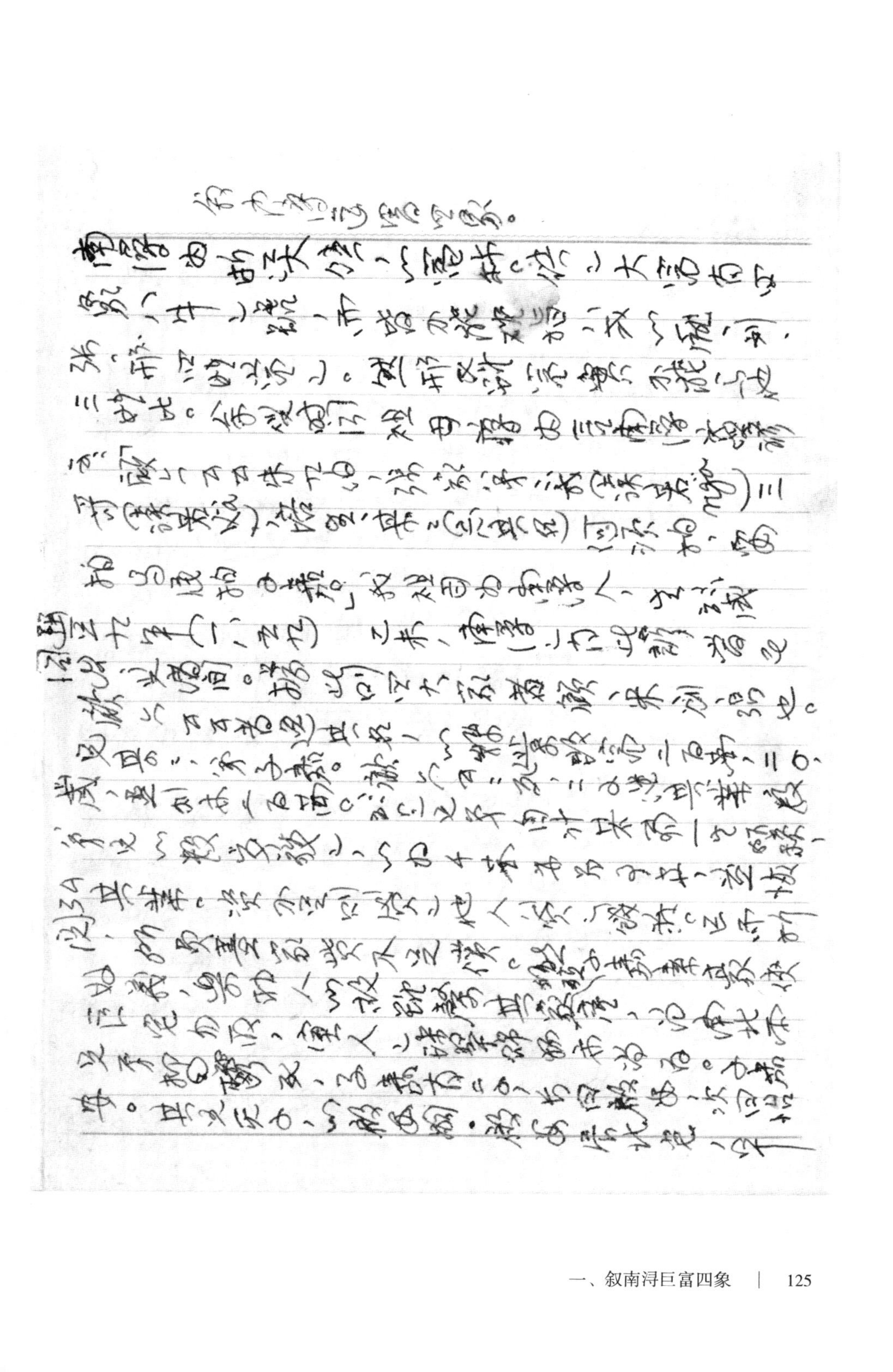

岁即归之。他所常寓左右翁由张刘当

适园，怡安之子，南浔以十万金象之张

石铭。而怡安因民和萧共十余家产以破

不出由穷家。大家为先早大，外祖极

端定主少女曰翠保，我母之姊也，其中

大小姑皆婚。我父与怡安兼数，至其

家数藏书画甚富。有唐人写经全卷，

怡安的诗一卷即于历刻题其后。威

末几者再借之后，藏书画甲于江

浙间，有嘉(?)及画一幅行世。其首

由家藏宝宋拓碑帖阁，故尤为大宝，

故怡安手迹。

我九姨者为南第，其以管业致

富，其婶名宋孙氏，居南浔之张王庙

桥，其房宅也。南浔，今颇资不及百万，

而好胜浮夸，几至有不资，其指斥

资必与刘、张等，至人以由其富出刘张之

南浔家及，始知彭虚实不及刘、张氏。

子好客多。民国初，家已贫乏，后

仲贤其定於梅氏，梅又以梅恒裕号一厂，於诸
家为伙也。庞家之姻亲最著者，为邵家，於梓
民为祖母之姪也，庞姓本余家之谱系，定修，
诸姻之，故庞家则必不追数十余年之事故
成为章。

顾家第三者 晋由 顾寿之，设丝行於湖州，行号聚昌。
寿生二子，长某，生一子曰钧，字子石，号石侬，於
上海置产甚多，上海地价日高，因大富。
石侬好收藏，善於书画及书画、古玩、古家具，
其品。收藏图书甚多，有[illegible]园、[illegible]园。好刻书，印有
[illegible]园丛书，由[illegible]合定价收藏，颇为丰富。此外有石
侬家谱不少，故为人熟，[illegible]园丛书中有丛钱，
石侬所藏书画，皆钱塘人，俟其书若[illegible]，存[illegible]藏於杭
州西泠印社，考据精审。石侬刊有「芊别手金三四」字，实
乃石侬之刻。石侬因不知[illegible]艺，由[illegible]守之，若
此，以[illegible]如[illegible]大[illegible]印，其后，因邢家[illegible]一明[illegible]
尝[illegible]刻於世，张氏刻之，曾[illegible]之世人所
共艺。石侬另有一[illegible]，能[illegible]识版本，
[illegible]，尝[illegible][illegible]藏书本刊及[illegible][illegible]一印，刊[illegible]

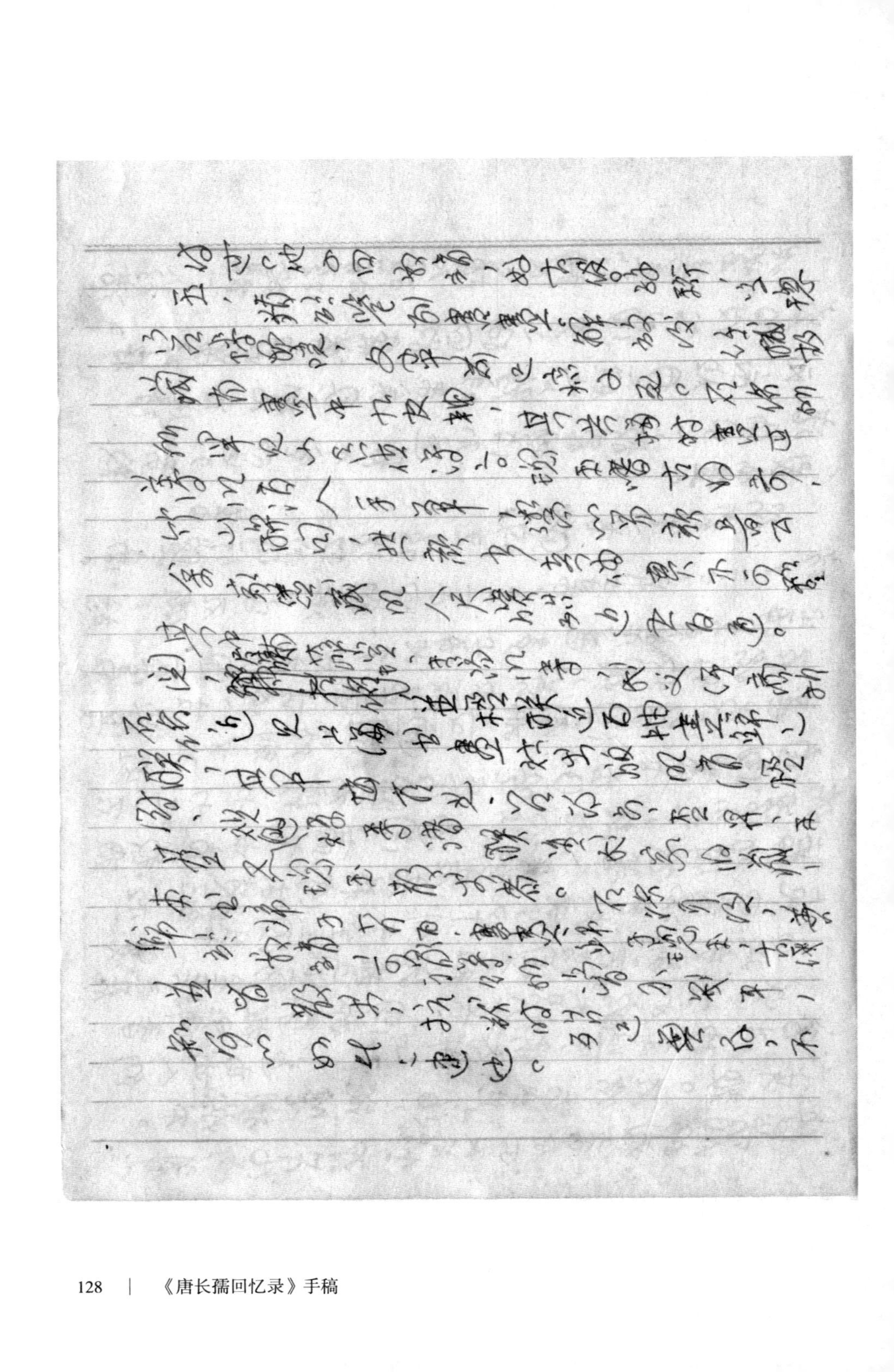

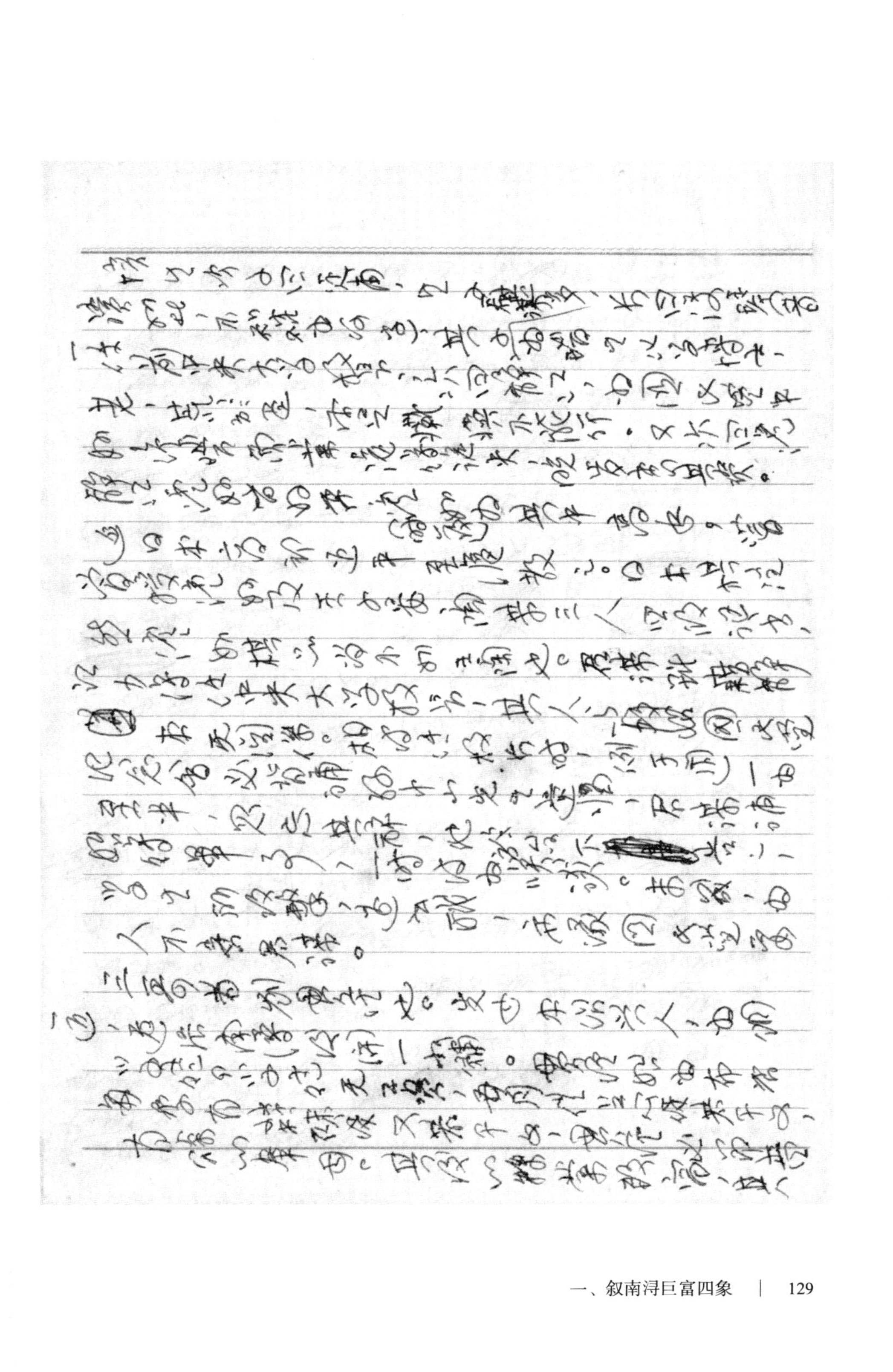

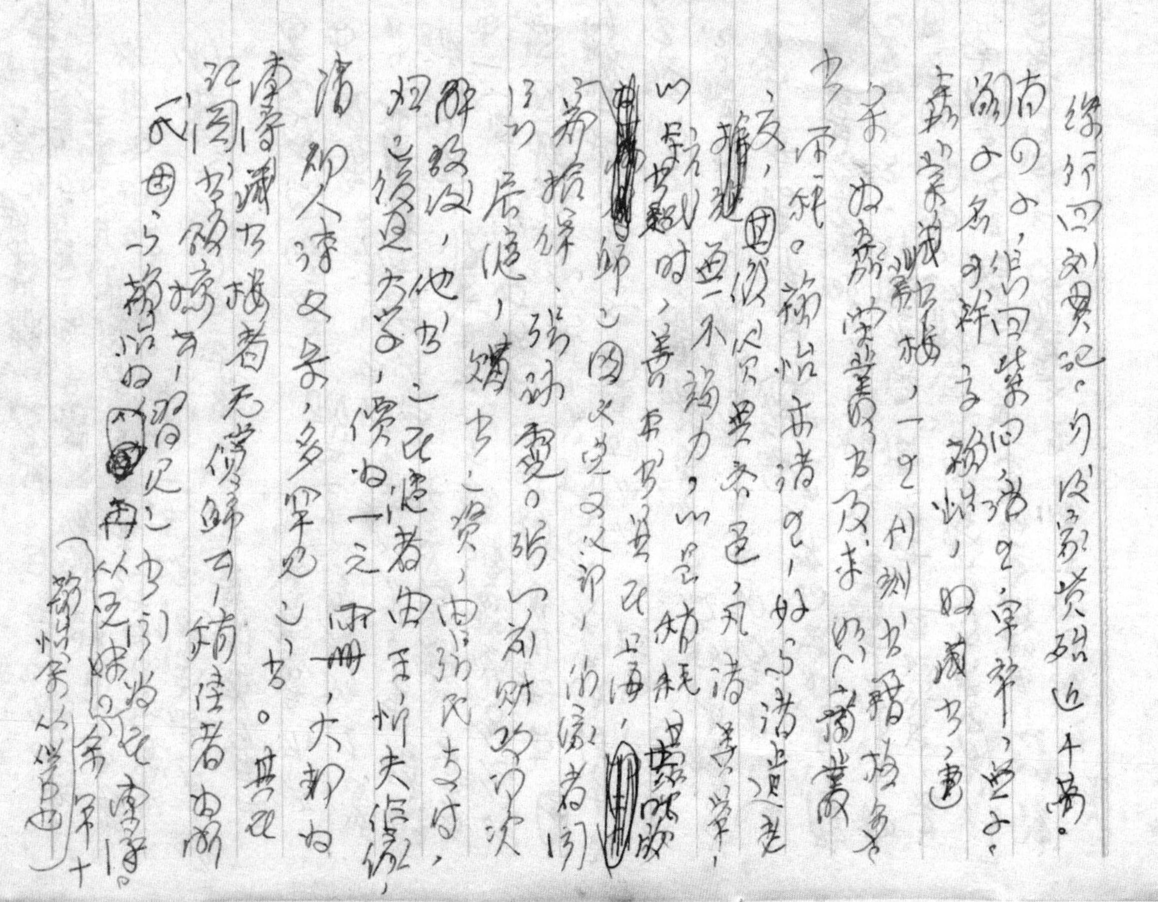

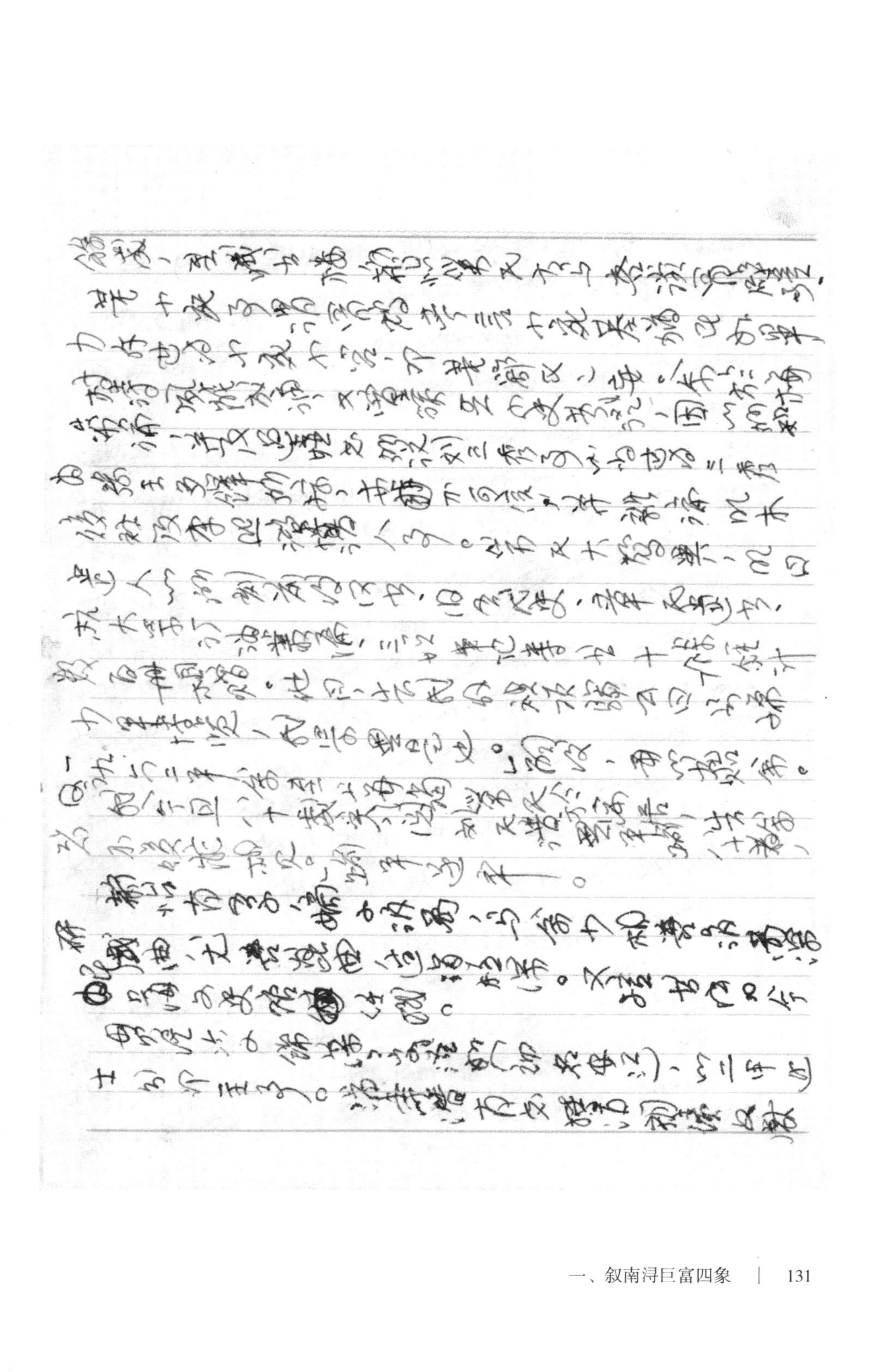

通考，诸如浮海天楠，疏异疏明，通察
补缉成书。读汉仪诸条设官，职如以书
近宗，昆陶传文学士衔乃悠，书列第。
，字皮，翰林诸君，年遂之。
君巽、翁叔平兄三人，皆以武功被擢於时
正之祖，次为君巽之父，三早卒。其后家
贫，伯仲皆不欲以子远行，故父之挚
素以颖敏於友，伯仲皆多子，亦丈夫
猶子多人，亦须要顾虑，仍足然之
二房。三房者湖州为通判也，驻嘉兴。
於是程大琰仲大之子翻，於大之嫡媳
遂君巽仲氏不欲，乃以伊四子迷之，娶
以，令张明经，籍藉，住因作信
必以三房为君巽继三，三房乃字也。婚姻
要，君早卒无子，而其嫡姊，君巽以为嗣
之，且以继如如四保阏。
君巽家子嘉兴诸生，亦得以如备世
卿。诸曰以如且拜泽第，亦嘉兴同氏杭
家。嫡不能入以嫡，君子卒。其嫡夫薛
故城为嘉兴，言秋暑亦烦，紫泉同化之嫁，

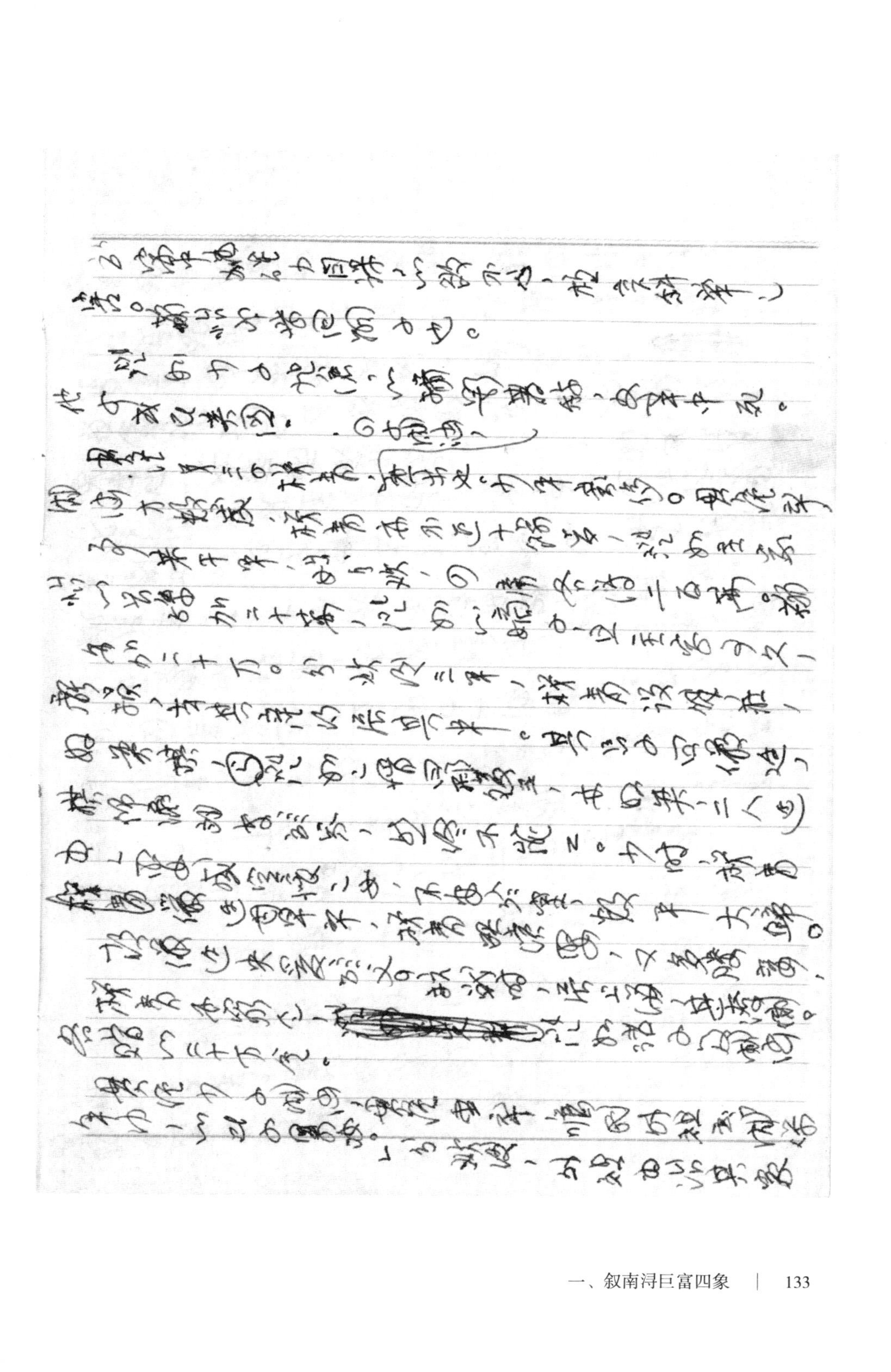

了。幼[illegible]不能多[illegible]外祖来之。

[illegible]二十年，[illegible]至今而[illegible]。外祖[illegible]

，不忍删。我外祖父字[illegible]遗[illegible]

的[illegible]全，以为[illegible]

从此开！！。当[illegible]雨[illegible]也。」[illegible]

[illegible]中[illegible]之，常人[illegible]

[illegible]数十万，[illegible]

[illegible]

[illegible]若[illegible]诸，不[illegible]大子。平[illegible]

[illegible]不[illegible]。[illegible]一子[illegible]

[illegible]

不[illegible]师。[illegible]

[illegible]

[illegible]

[illegible]

[illegible]不知[illegible]家[illegible]

[illegible]人。[illegible]

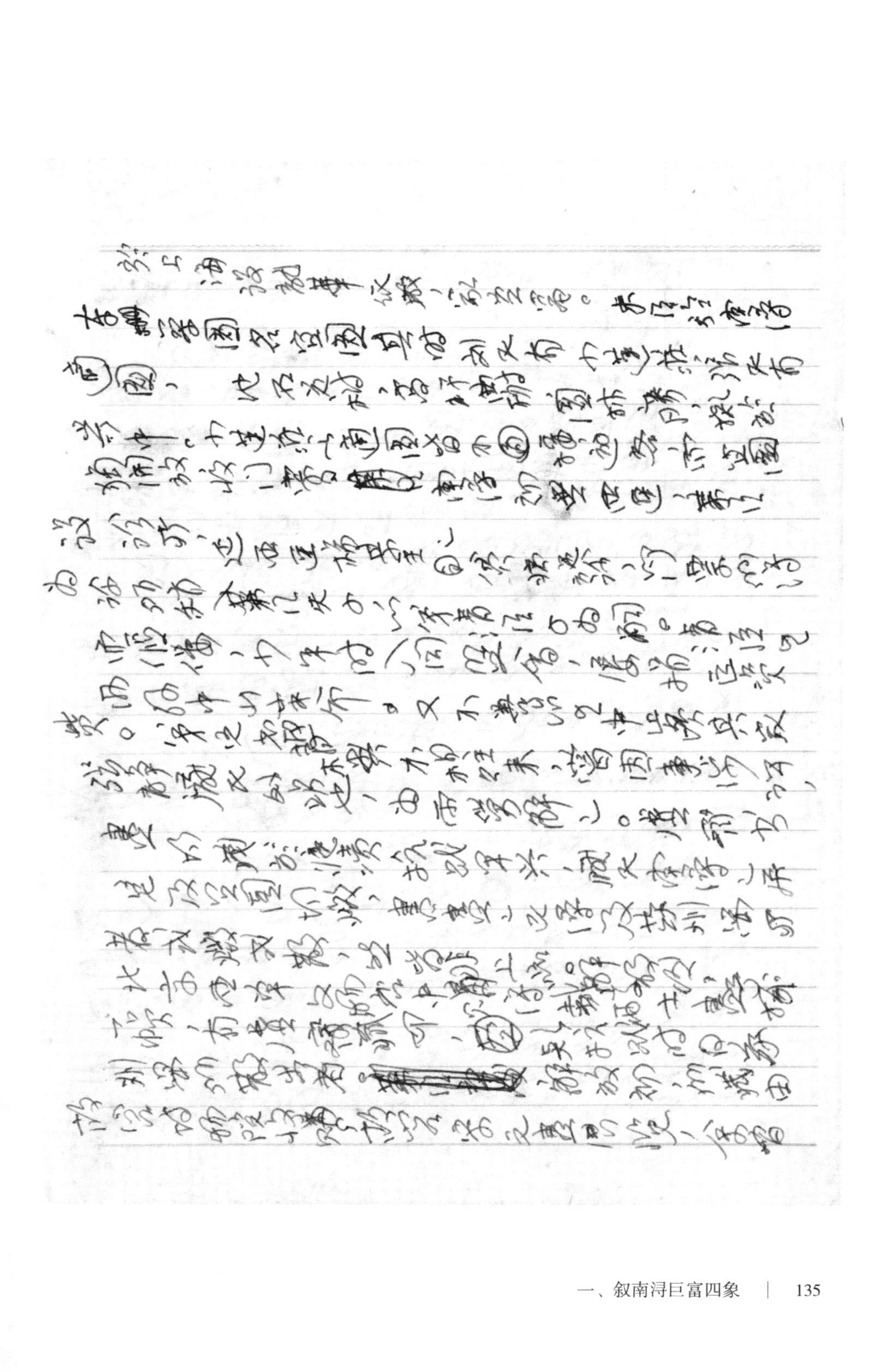

见元主紫萼夏日以后园，厥后益盛，名
路扰之北时，中园、適園均燬，而刘氏之
莊園、今南浔嘉业藏書樓，亦小蓮（?）
佈置不俗。適園多竹，湖池環繞、
方竹[illegible]，[illegible]閣，中閣。小蓮莊於池畔
田廊水榭，然常兩式屋兩柳，頗由
不類。適園樓所皆余之人詞，
方運[illegible]之嗜可論。
劉、張四家藏書首四家，前光英澈、朱、
氏亦知也蓋加日，無需不速，劉、張[illegible]邢之
劉書畫[illegible]，劉承幹著名，一版氏藏
紆房如邢叔之，劉[illegible]，[illegible]
此路亦收[illegible]耳。
氏之後有[illegible]世界[illegible]
者，其為[illegible]少之流亦足數也。
梅氏[illegible]
浮[illegible]
中[illegible]。

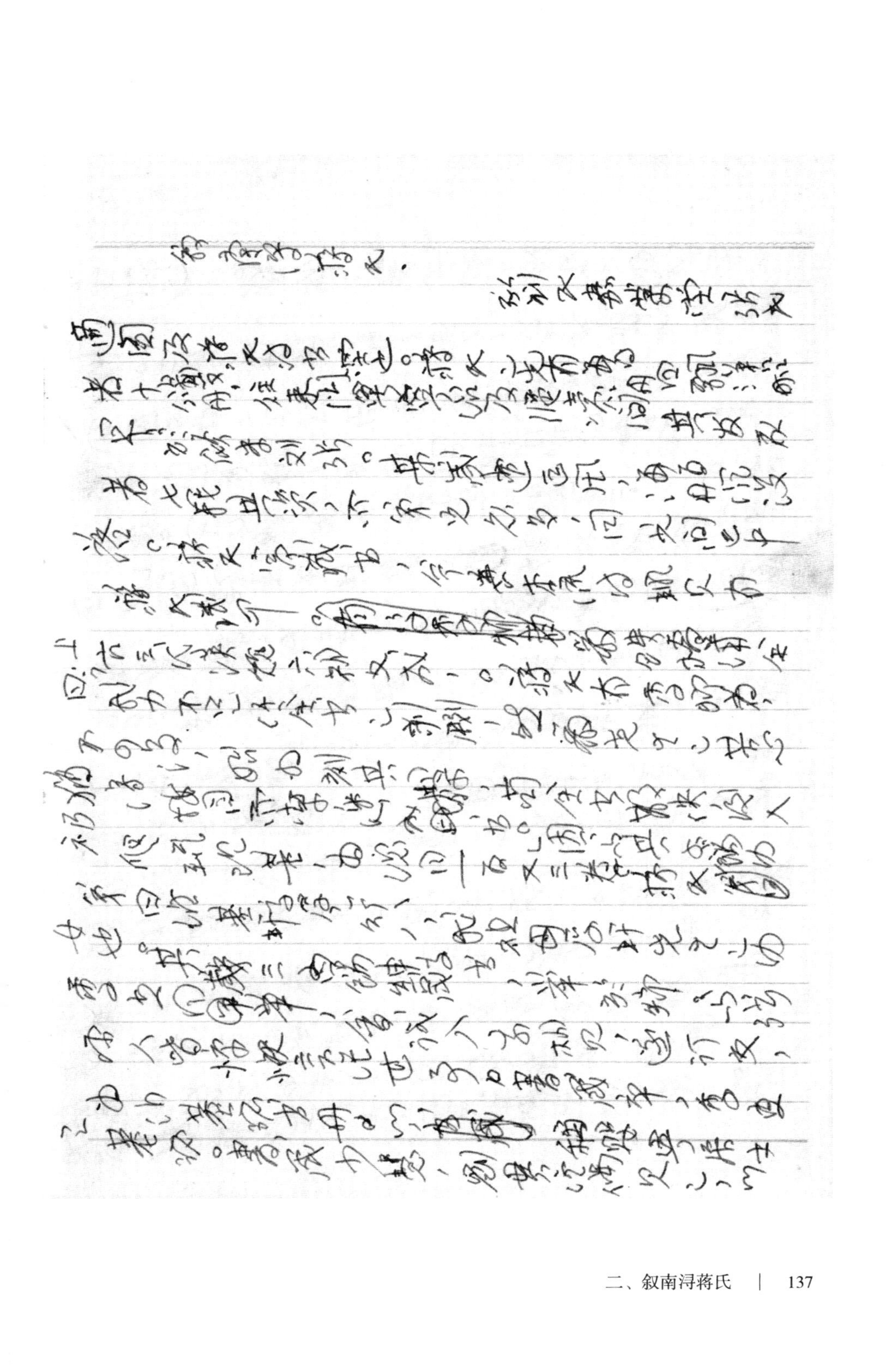

由他日以告成,鲜罗浮之姊将以女归之。
其姊以将大贫,不可,要从杜某坚。初
母乃命某与学同里学徵之,其旧从
生。其母因嘱形貌不类,欲其婿迎
花。 云其帅之孙,而称近族,旁可也。惠
证使嫂以徒[illegible],另拜先生议曰:"成家
贫,真曰一男儿教,今日一醮辱矣,
别氏之第,其女以出嫁,吾家吾家姊矣。"
嫂氏又归,言其不也,以为此回,"我以为其人,
非以其家贫,因从之。以婿氏二十余年
刘氏女婿,实多丰馀,夫妇偕归
无违言。 然吾家三十年后,海不得
亦世其居,遂迷惑怯也。刘氏有其
浑氏南通家成然之张家之善,回
浦、任司业遂了。而女被大学
作,其成之际要之,然司其婶姊姊,

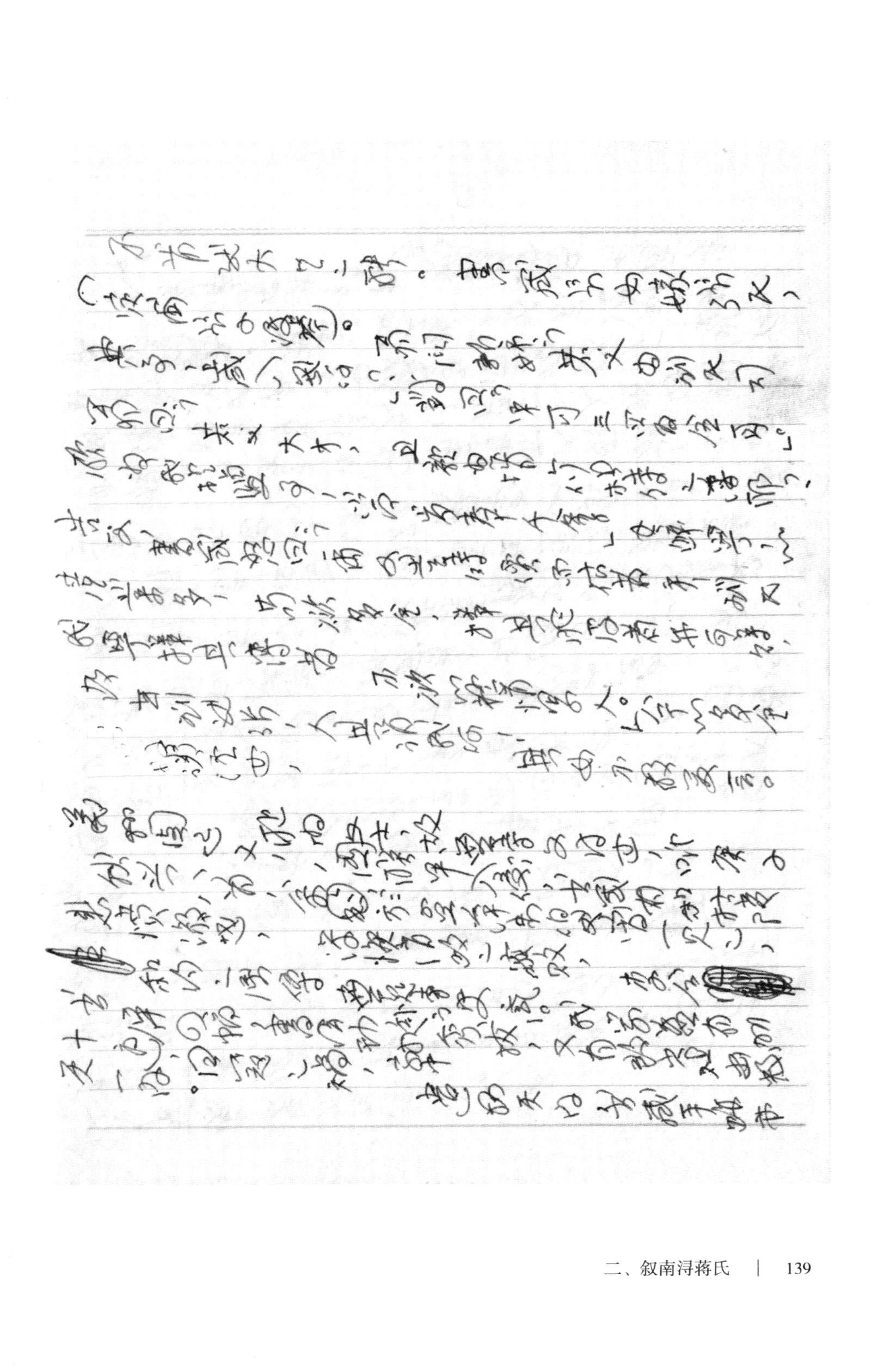

书局长由[illegible]　杨祥才[illegible]合。
同。张、刘皆官宦世家之[illegible]
学一八，除诸商子弟为中商之中商，[illegible]
湖州人，居住久，行事奉儒，张氏
后之，渐因以而为第一湖中大夫家，孙亦
为大。余以[illegible]祥[illegible]，以至陈子尊之
[illegible]来陈，因此为中商。湖人
[illegible]
则之。李[illegible]为[illegible]长子，[illegible]如
也，[illegible]，而北江如则[illegible]
为国有，各省皆争之，湖[illegible]
代十[illegible]区而[illegible]归，如清进
皆，湖人大洋，以为[illegible]贿，子[illegible]不
为此。[illegible]而以来还可同于上海，
[illegible]书画，[illegible]之外人传世
价，又与湖人共创立浙江兴业[illegible]
及也，[illegible]甚多，续资[illegible]。蒋氏
[illegible]又[illegible]　[illegible]　庚[illegible]

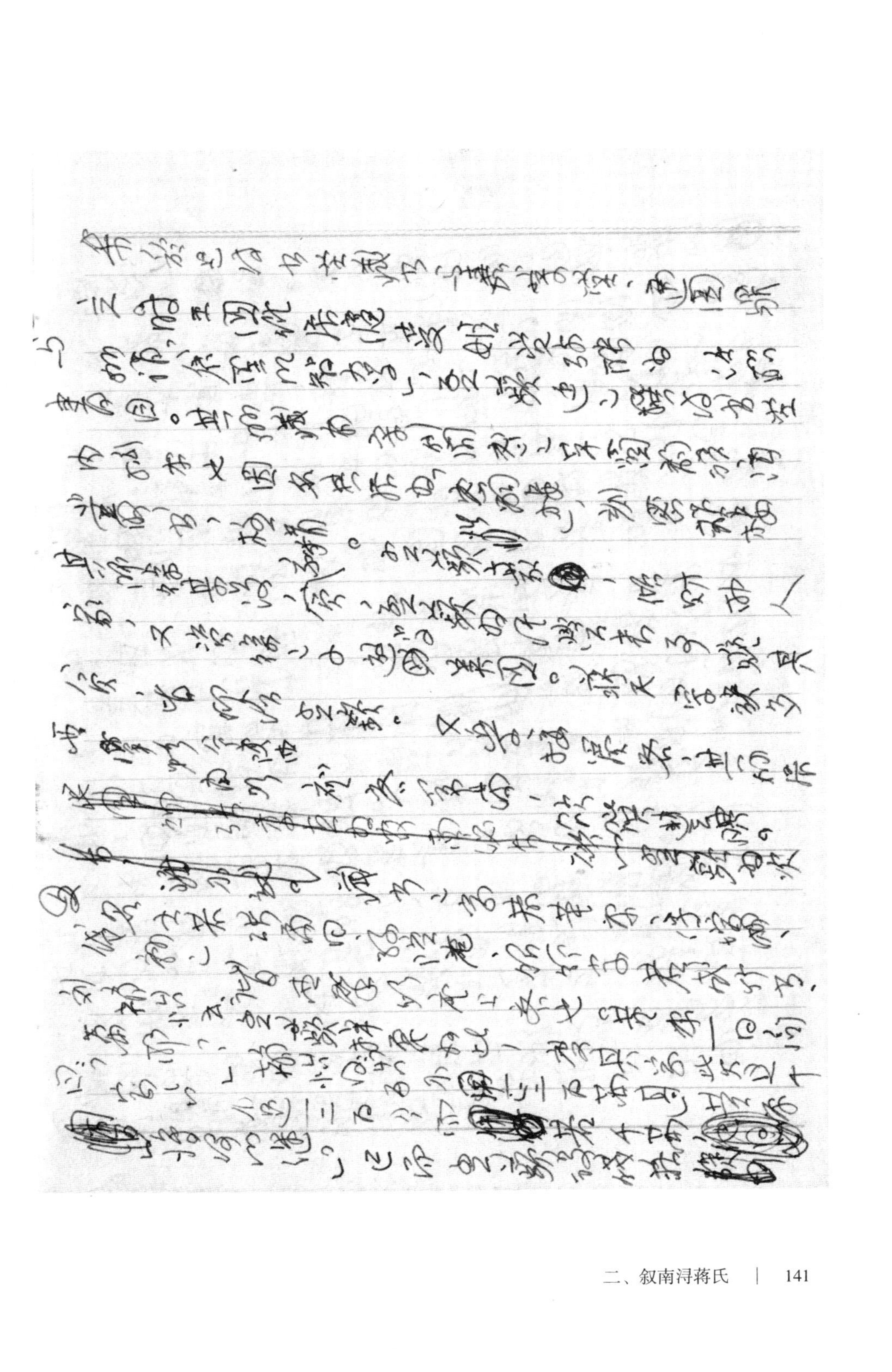

田以资耕用，如有余者多买以购图籍，所贷及

乃破产，

遂倒闭，所负债且百万，无以偿，

乃以所藏书及江边分楼，以偿其大宅，

偿诸债权人。大姊之婿[illegible]，

已出嫁，一家及其子女共处，而

仅只房舍被盗数月，由房主别居而逝。小弟

亦逝。晚岁居花园路，生活[illegible]，连[illegible]之

所藏书籍久归之[illegible]

收藏者寄存[illegible]，三十卷文[illegible]

较为完整之[illegible]

所藏书画之[illegible]人，其[illegible]

之所[illegible]藏之[illegible]

[illegible]。其余[illegible]

卷、所[illegible]之

[illegible]，今[illegible]

[illegible]。其[illegible]

[illegible]

[illegible]

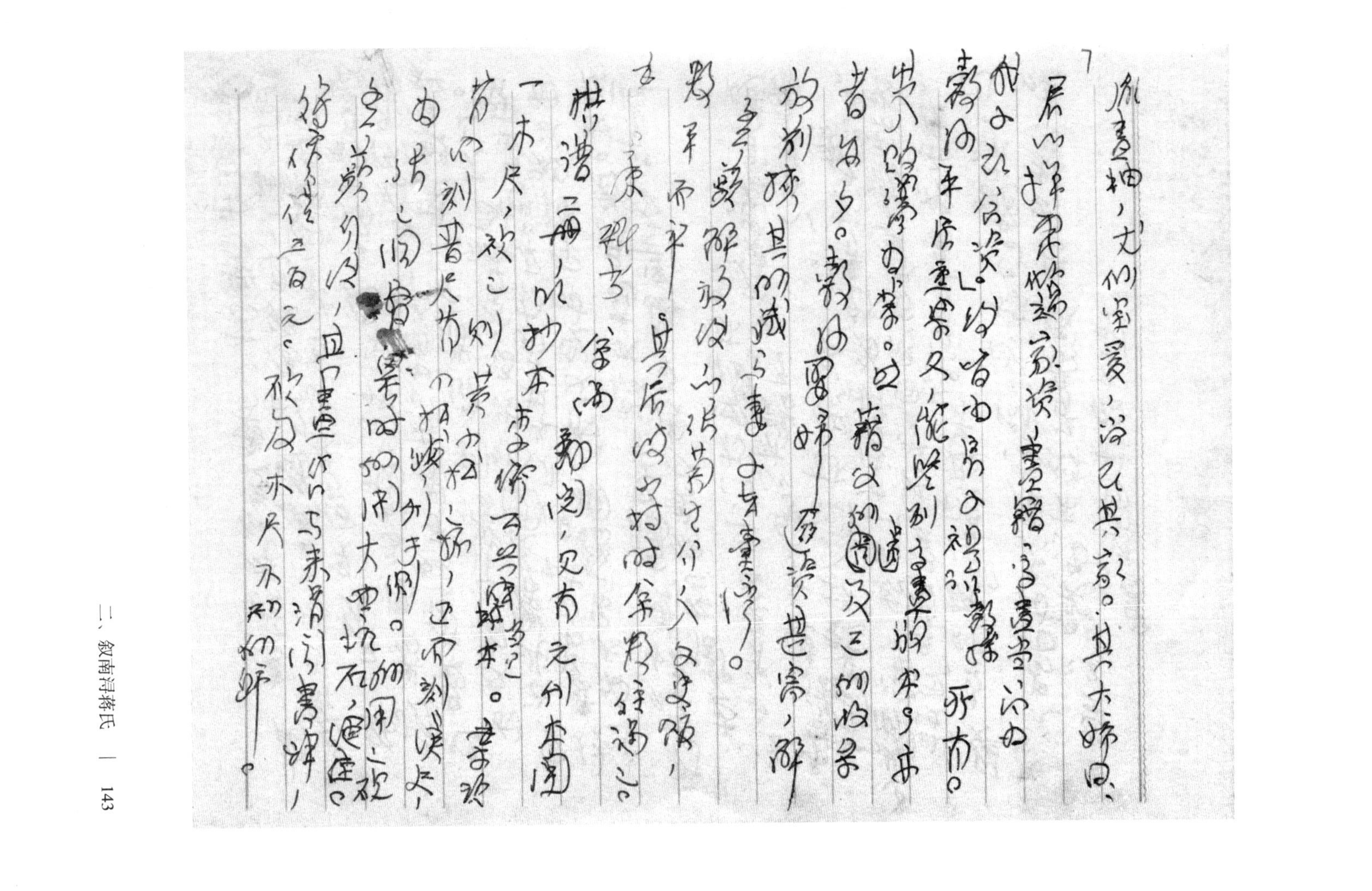

[illegible]書[illegible]，尤所寶愛，謂已其家。其大略曰：
「君以[illegible]年[illegible]家貲，書籍[illegible]，[illegible]
然之[illegible]。[illegible]由[illegible]之[illegible]數[illegible]所有。
[illegible]平[illegible]又能[illegible]別[illegible]本[illegible]
出入[illegible]由[illegible]。以
者久矣。[illegible]精之[illegible]又之所收集
於前[illegible]，其所識[illegible]世宗，[illegible]
[illegible]。
數年而[illegible]，其後[illegible]余[illegible]之。
[illegible]
棋譜二冊，明抄本[illegible]，又有元刊本[illegible]
一木尺，被之則[illegible]
[illegible]刻[illegible]
由[illegible]
[illegible]
[illegible]。[illegible]不[illegible]。

唐毓亭
唐臻
1860—1886
小溪，兆鸿（渚鸿）

写于田村故又写了
吴江[illegible]首末林家最盛，京于黎里[illegible]
之后四世有大唐，同[illegible]，[illegible]训。门
第直行数，[illegible]服及第，知，有之远来而居，
从汪四，五省堂，后以堂四经八省堂「诸堂」[illegible]
也[illegible]名如「心传」「孝[illegible]」着，敬亭[illegible]，
[illegible]入词林，从[illegible]第，[illegible]八子非编
之，[illegible]之，[illegible]木谱[illegible]以[illegible]
之，今远之子一门有翰林。
直隶[illegible]
[illegible]中[illegible]经，又[illegible]少[illegible]，如[illegible]，今[illegible]
[illegible]家[illegible]又[illegible]家藏着。[illegible]家
[illegible]长[illegible]，[illegible]又[illegible]祖父母
少[illegible]，[illegible]，[illegible]。直[illegible]
[illegible]，又[illegible]，[illegible]之。
也[illegible]续[illegible]，[illegible]
[illegible]子[illegible]家，以子[illegible]不[illegible]
[illegible]，又[illegible]北京[illegible]家
[illegible]，[illegible]。[illegible]
[illegible]，书[illegible]，[illegible]

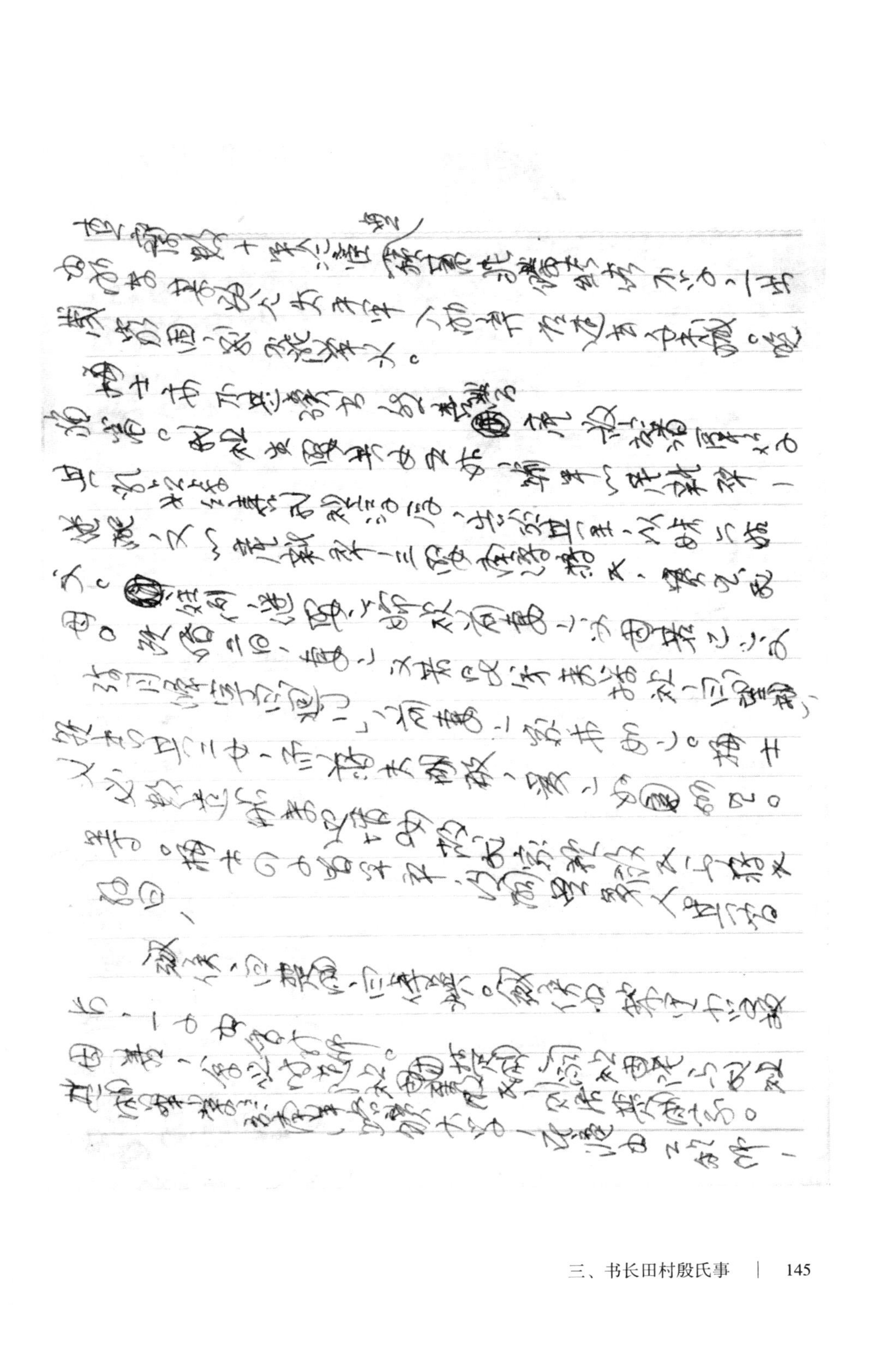

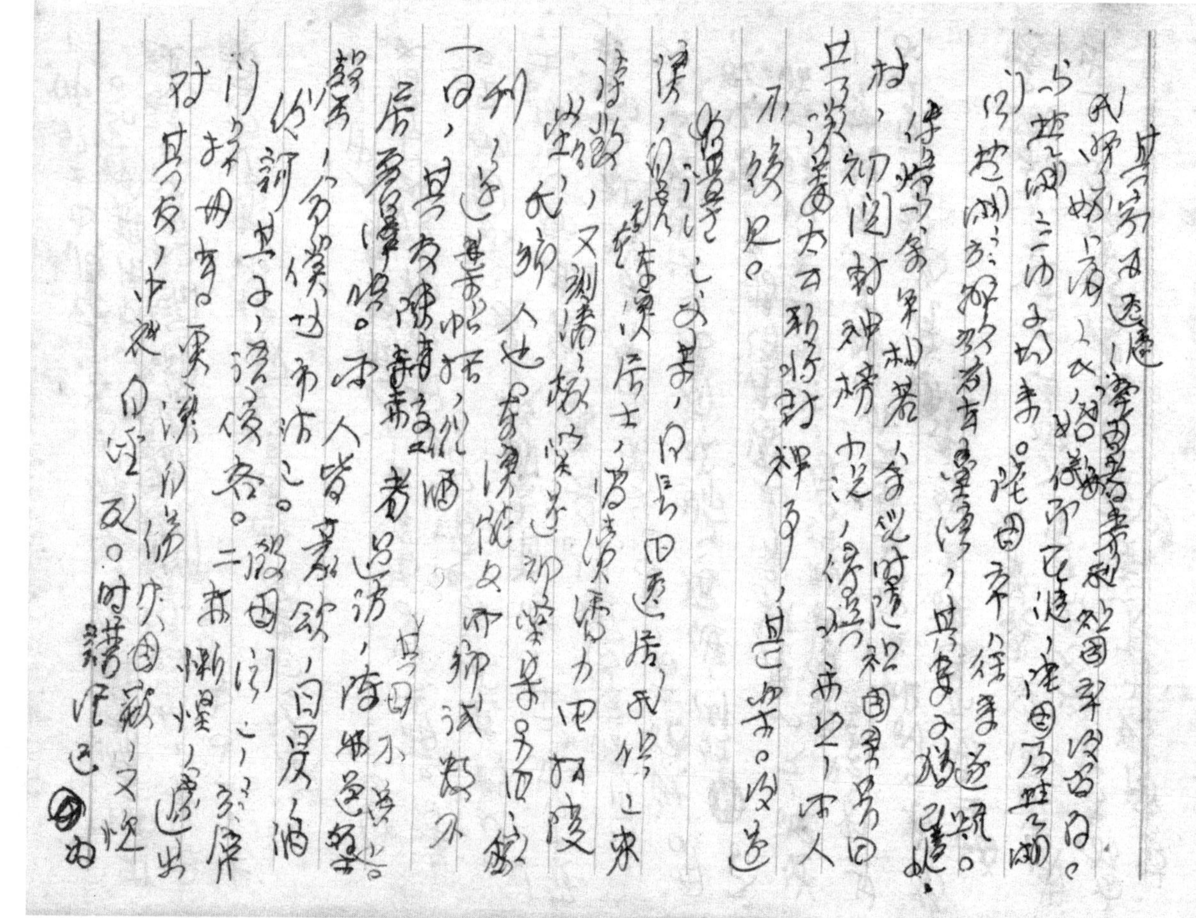

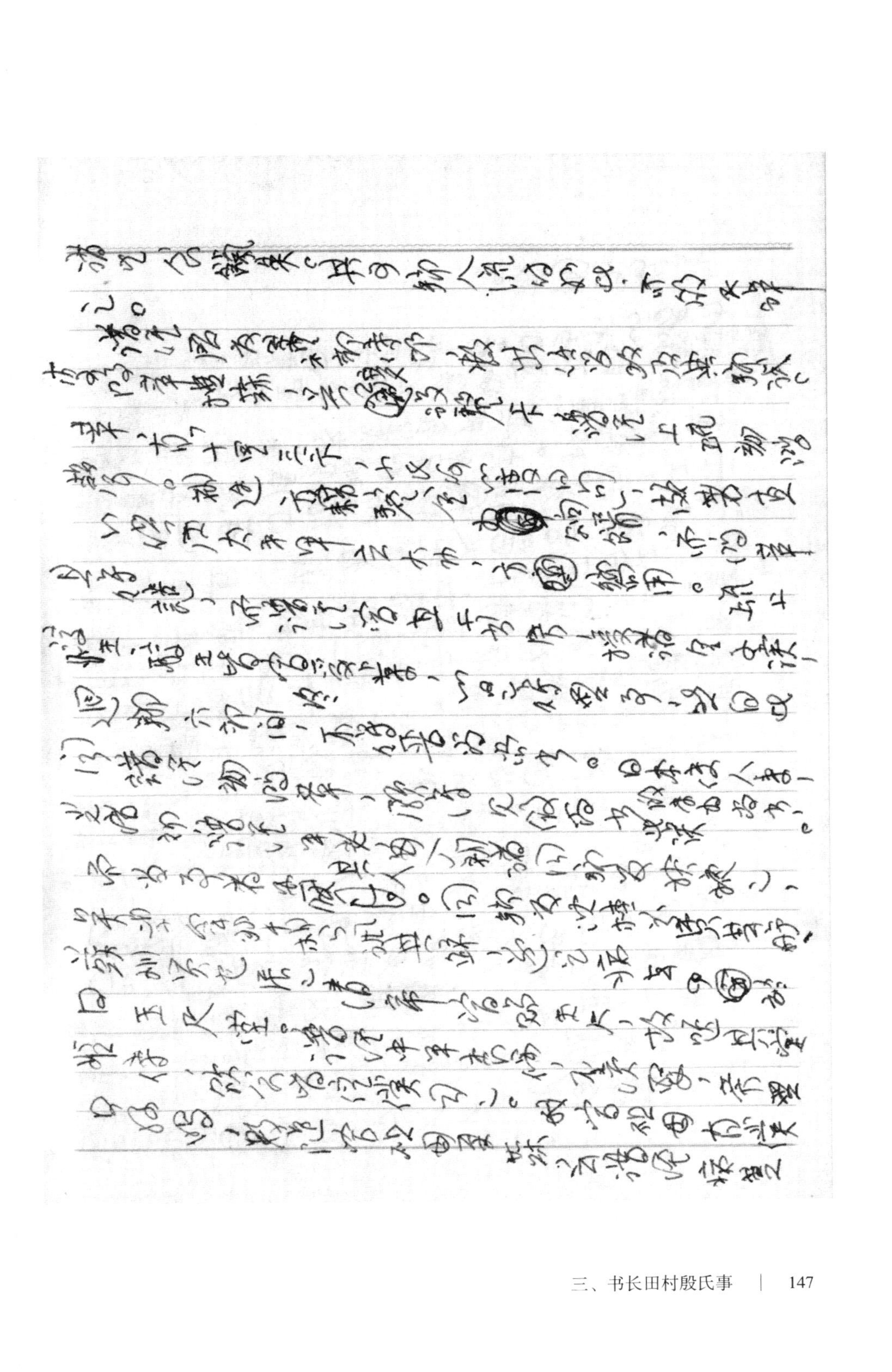

终于又调拨。

中书以[illegible]，张文士，如言若了，曾洋

[illegible]，如[illegible]，如家已返后，望[illegible]，首语

[illegible]。其天气，廉客[illegible]，[illegible]

[illegible]江，[illegible]，[illegible]

[illegible]。中谱[illegible]

[illegible]试者归，丹[illegible]江，

[illegible]入江由内[illegible]

[illegible]，[illegible]

[illegible]，[illegible]

[illegible]

[illegible]

后来[illegible]于民家[illegible]民神风俗，
岁初必悬先世像于堂上，初夕至[illegible]人，[illegible]
亦[illegible]新衣往来祠拜，宜拜者一一。我父友
[illegible]小时[illegible]，[illegible]要[illegible]其
[illegible]三出门，[illegible]逆[illegible]途程。[illegible]是我父五十岁
[illegible]事则[illegible]世家[illegible]
的氏[illegible]北成，并[illegible]呼以大哥。
[illegible]可好。立斋有
[illegible]田春由[illegible]好[illegible]
[illegible]先生[illegible]诗就[illegible]
[illegible]平之前。[illegible]和称，[illegible]
[illegible]皆见之[illegible]中[illegible]
[illegible]别如[illegible]文多律赋，
[illegible]诗赋，以四大[illegible]，[illegible]
[illegible]才日[illegible]，[illegible]不[illegible]（[illegible]。余家[illegible]
[illegible]书[illegible]小楷，书[illegible]神赋
全[illegible]，[illegible]之。[illegible]
[illegible]之[illegible]，[illegible]夫。

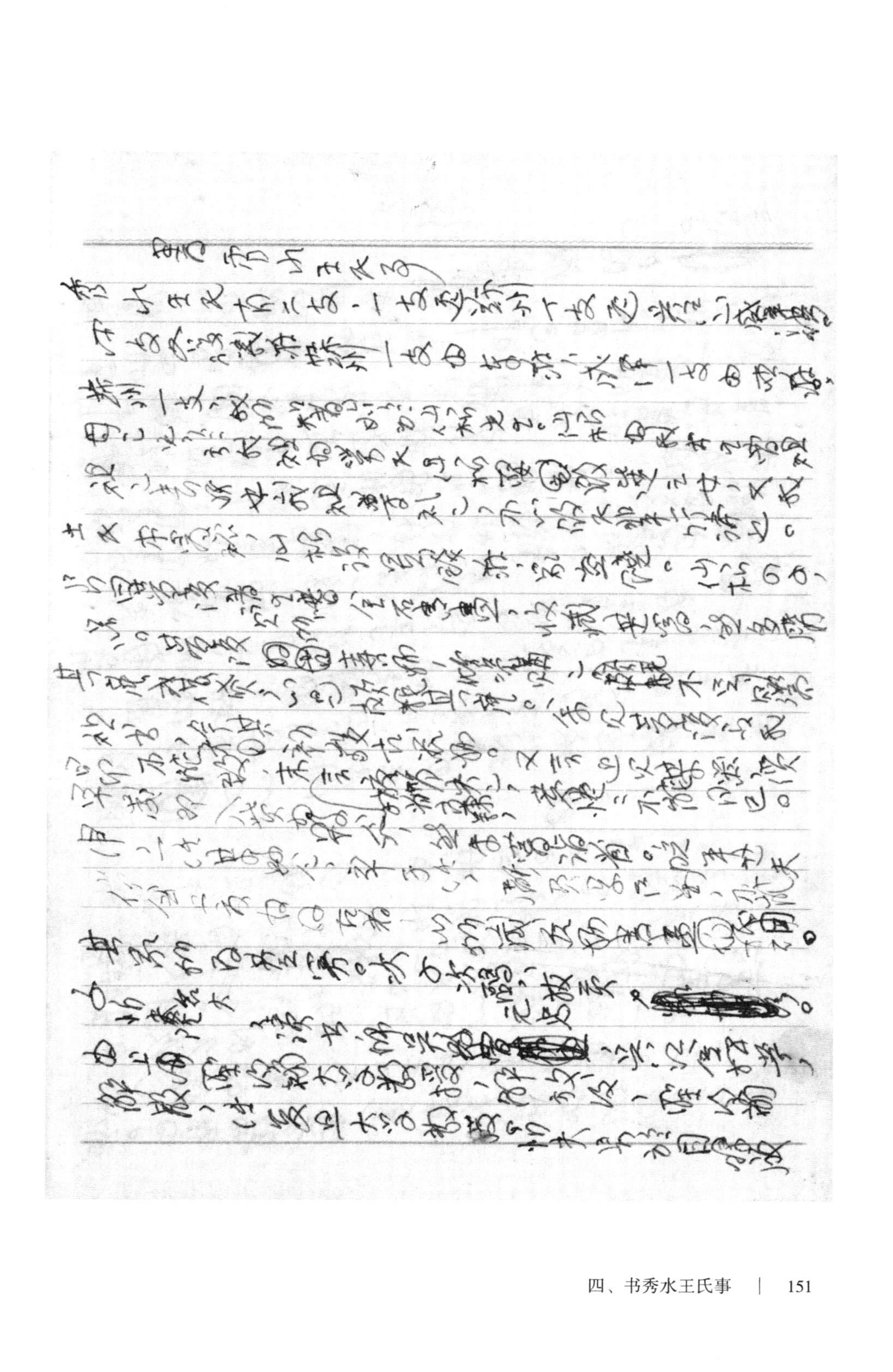

二六三

◎七的藏书，曾经朱[illegible]批校[illegible]
次，前年我写了一篇[illegible]，又[illegible]皆出四年
以后又借先生中藏书家黄荛圃、顾千
里诸书题跋，由黄顾题跋或抄校极勤
抄录的，手执数卷，[illegible]西安中，[illegible]
创立校合，[illegible]，因横列于门内
苏大学内。予于授课之余，一概[illegible]小史
谈◎ 太平洋战争时起，予[illegible]
四六年予自[illegible]，访[illegible]，又[illegible]吉湖南二九
史差。又数年，又访[illegible]于后日大学，时
新黄顾题跋之成。◎ [illegible]以心[illegible]藏
病卒。◎
仙根大三子曰耕云，少师吴中名手
[illegible]嫡出，精[illegible]，有名，吴人
中年之初，[illegible]三子[illegible]中，[illegible]有名，吴人编
[illegible]一部[illegible]人[illegible]大耕
[illegible]一时，[illegible]，因[illegible]不[illegible]
王三[illegible]中父[illegible]王又大人皆嫡之。
耕云[illegible]（[illegible]）[illegible]

若以之学者之等其价，以千
数种数目又以二十余卷之多，今将
其遗物所藏之书有十余种，文字编于天。
全，书本编出方。其名勘之笔
书者，故久不传。其后藏书家无由寓
失矣。王氏藏书者，曰等记，其书数
书中手书，亦迁近世，两山楼各种
学上[illegible]而专利数十册，皆无一册，亦述的
诸房其有之书，更已散失。
殿之得自此军峰，始毁。
太平军至盛年，以其弱女，王氏藏
前由区里，分以择人付之。王氏大概，学
一次此者为父。太平军败，池某由清军所救。
王氏[illegible]之，相迁一财神庙，财神殿中
之池某不全矣。

静安与秦氏之相识，为研究其印之材料，

所印秦印于中央研究所之傅斯年购后，

秦宝瓒遂以之携家去，终留日返，据审言，

其印之藏于今人阙伯者不知所在。其次

又有六朝私印、秦汉之印，以日询之静安，则

见此图，此下矣。静安卒，今阅之秦氏，

秦家不知也。

余初过时，今也少年，其至秦氏家屋之

西楼，有小室，深入，见地下有一[illegible]，

以容储凌氏收以书自出所记也。怪问之，秦宝瓒

屋楼中，尚有玻[illegible]璃书，藏人以[illegible]

今有卷之，不[illegible]此，据[illegible]

余谓[illegible]，以据[illegible]

[illegible]

发快。又有其家所藏印谱一册，藏书之[illegible]

因此而[illegible]本[illegible]

破损，书中有数种，刻本以其精好，其

书之类，与余所写数种精校抄本者，因

古诗另分卷为四册、大字文选四册、事类赋二册。事类赋为吴淑所撰，其中标注皆明所出。自经、史、子、集、以至杂书，杂书选录甚多，而余以事类赋为启蒙中之久，实亦追求，而以汉魏事，故援之出处，以书乃其要。文士用时，颇徐援引，妙，以书有不少宋人诗词以名典实，以其言舍欲回群典由溢于例也。如数之用以观看法度，看起其数也。读大书以其流为文，又当原是被残识可嘉纳其极，今之修辞能诗文者，而一目数也。

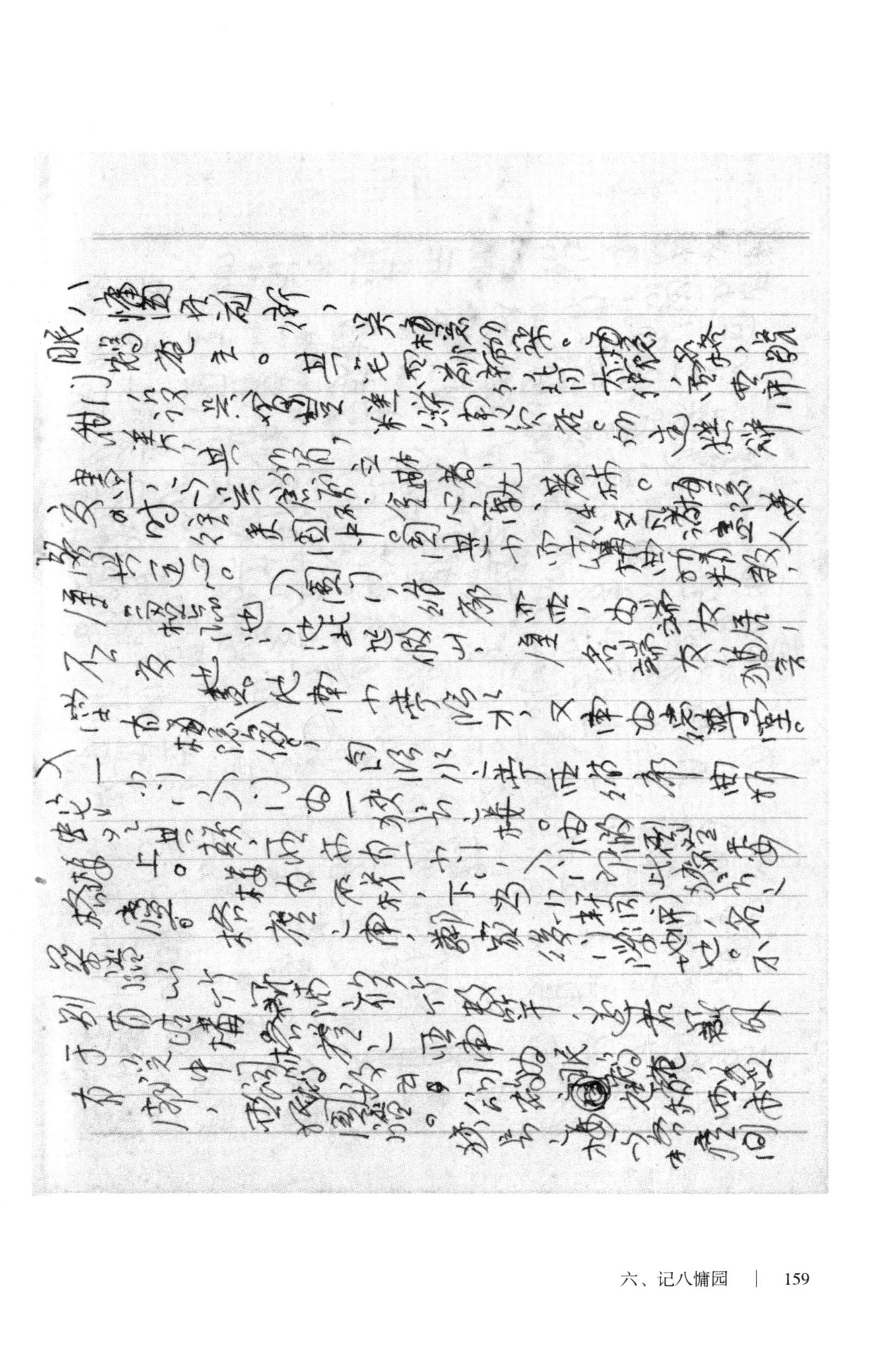

腊也想了，陷山相石，苹不甚细，草植
尝聚，有山林气象。[illegible]独小屋三楹
旧，[illegible]池[illegible]，[illegible]上款，[illegible]画池一方，
化已创制图[illegible]书。[illegible]归则置画于
已矣。余也略定，[illegible]
[illegible]者，[illegible]闻中[illegible]古方[illegible]社于[illegible]
有人之[illegible]，[illegible]地坏，[illegible]
此[illegible]山石[illegible]，[illegible]中其人，[illegible]
日，[illegible]入侵，[illegible]。亭阁[illegible]坏。
[illegible]，一九四六年[illegible]宅燧焉。
[illegible]，[illegible]方[illegible]术
梅院[illegible]画[illegible]，[illegible]，乃文其事
有名迹。[illegible]院子闻之，[illegible]
以[illegible]竹册[illegible]，[illegible]门之[illegible]间二子，[illegible]
以此成画，[illegible]为之中，竹册
海内，以[illegible]其门人[illegible]时[illegible]
[illegible]，甘心为之，[illegible]山水
品，大[illegible]画卿[illegible]园画成[illegible]
[illegible]卿[illegible]死，其画[illegible]，清代人作[illegible]
[illegible]火[illegible]。[illegible]

一文。堂里绝些师们的,还有诸阁之还或

师们之精美以及他的酱菜、新的酱油,以味美著称,即以价格而论,也远胜于市场。还或者还之价廉。寺外则有松柏上。大殿前有天王殿,完全则之所不及的。东西两边常设房之供奉的香炉,瓷的瓶见于金刚石雕上殿。师们的香。天王殿前地之西边有一木伯,保之庙的别家,素的糕、米糕的素的糕、米糕蜿霜,著人向请诉,后来天王殿前有池,池以春林,并南则山门也。是我们常常一起走过常常著肖柔,走出山门的三桠,翻案吟诗徐。乃著诗,等闲寺外,方丈薄晚,寺僧的数字,应当如姚伯的少时,后来渐长,师们的乐,但他们的,[illegible]共执一长老王[illegible]。方当改作的,[illegible]者僧懒且据寺庄,谋运之。寺僧与旦人为还,而之[illegible]

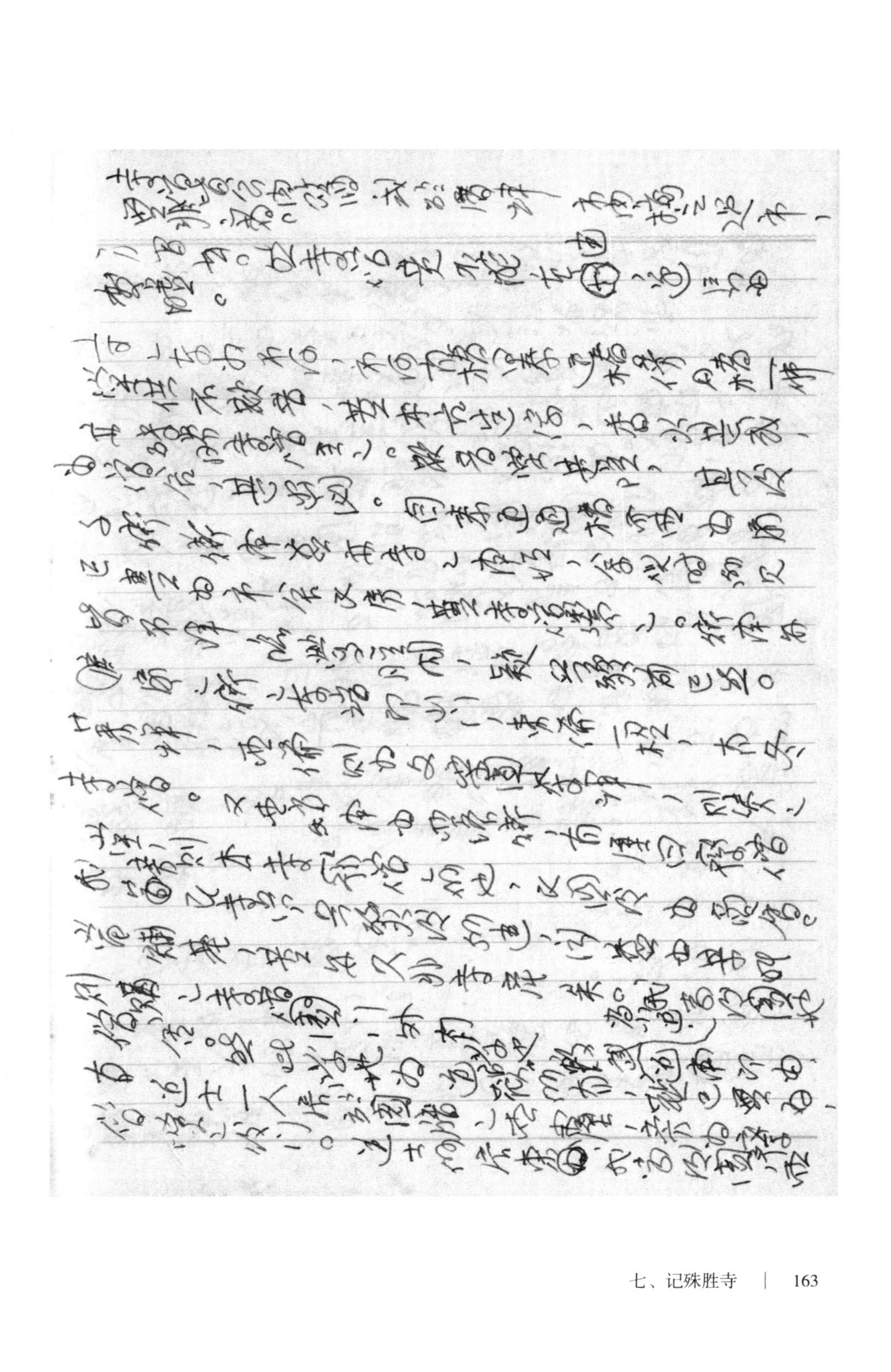

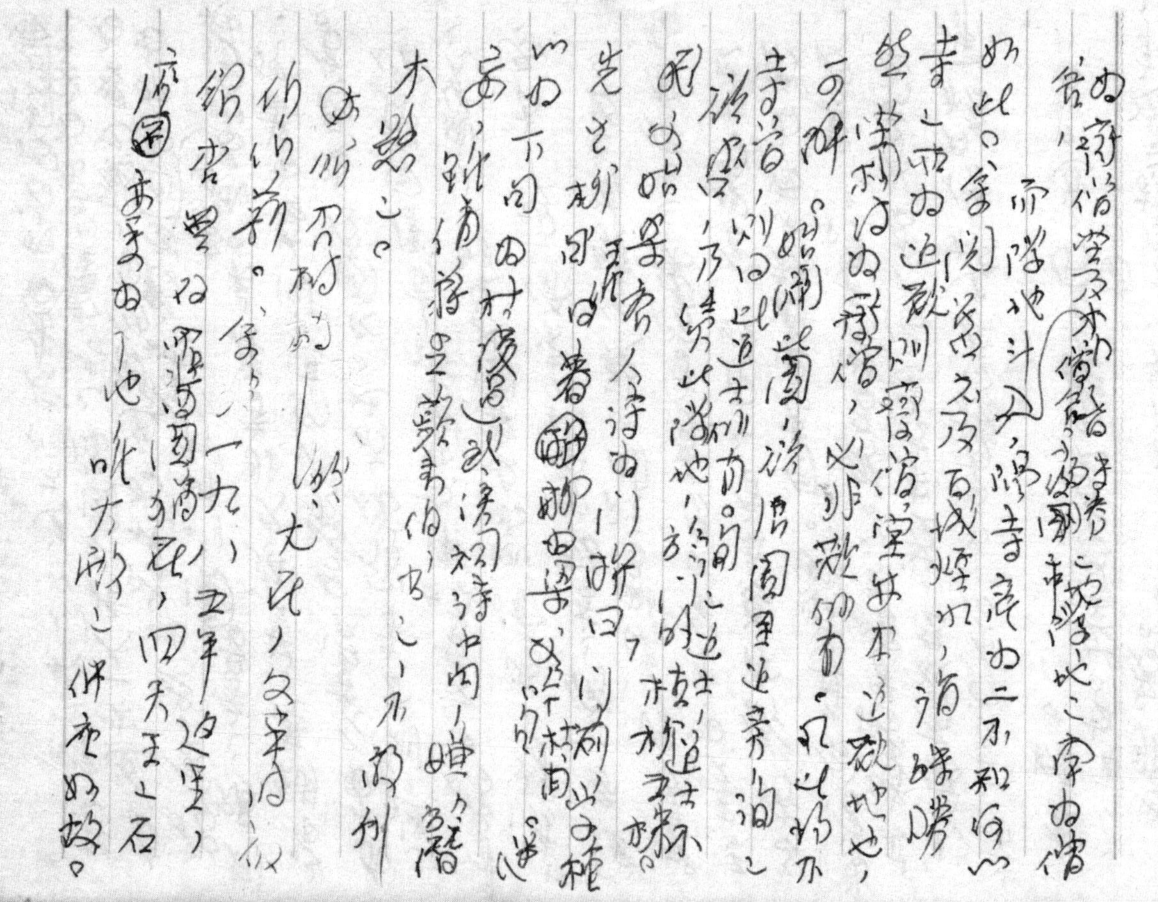

以孝錫伯，戒之仰也。由是言之，從執教於

盛年開華的學後，其乃從容講學之人也。

李岩字子成，與我父同學，畢業

於荊州師範學校，係數學教員亦久，亦去之

盛年任教。同仁創社名同社，亦寄家於

荊州。師校係特長前介，後調平望民

學校當校長。旋去職。於此時，失志

降級，其後不再教學。即三年至於出任

荊州中學及荊州中學[illegible]，[illegible]當之。

又一[illegible][illegible]之大成西，[illegible]之精數

倉之類倉。民國初，黃吉甫若[illegible]將之改

女子中學，因路補助而不主，號為

代用中學。

民八，年不滿三十，為若干校長，常以二十

初任教者名之為[illegible]，當時理通，

之同人。蕭[illegible]、李子年[illegible]之中[illegible]方其文

錦堂。[illegible]若[illegible]，[illegible]仍[illegible]

[illegible]，[illegible]，[illegible]，[illegible]。

[illegible]，[illegible]，[illegible]。

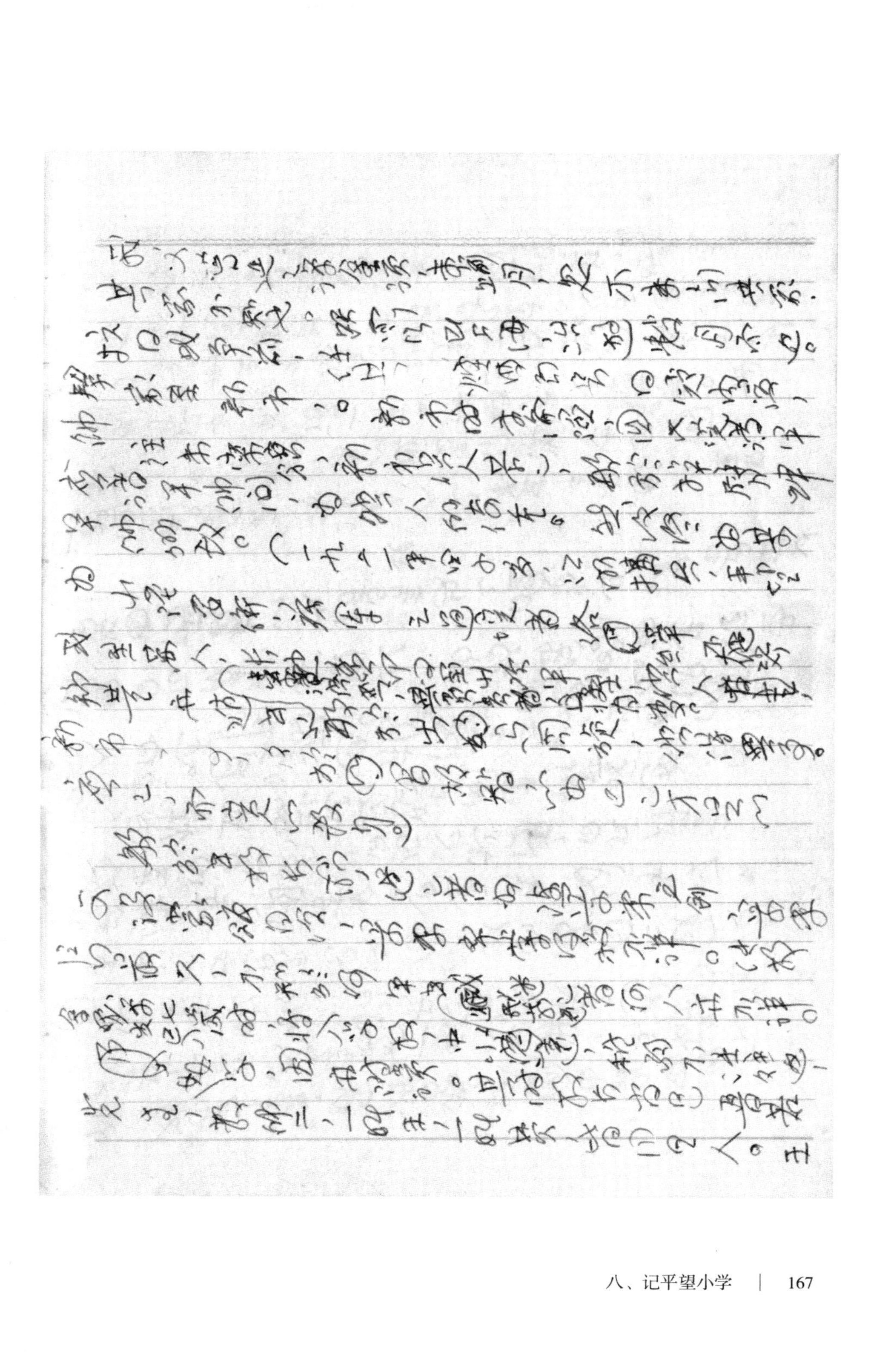

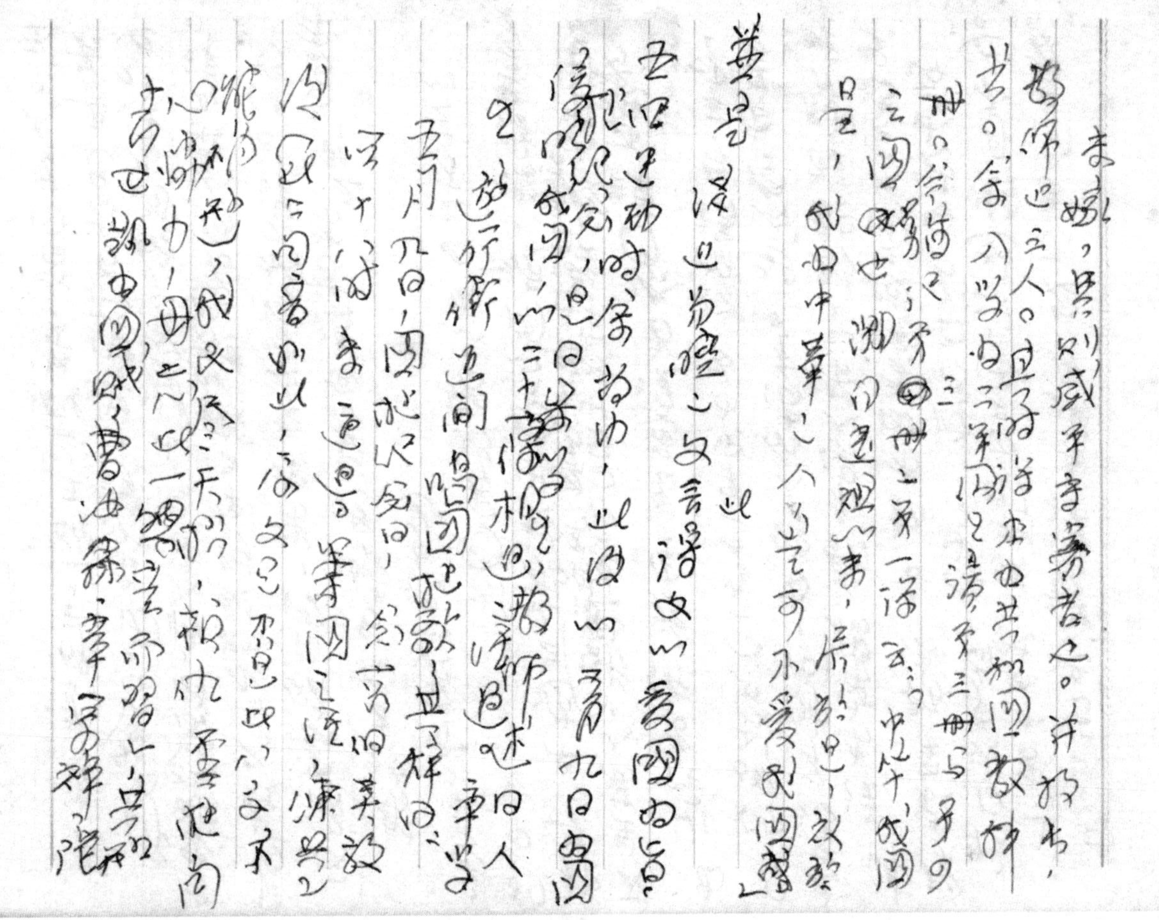

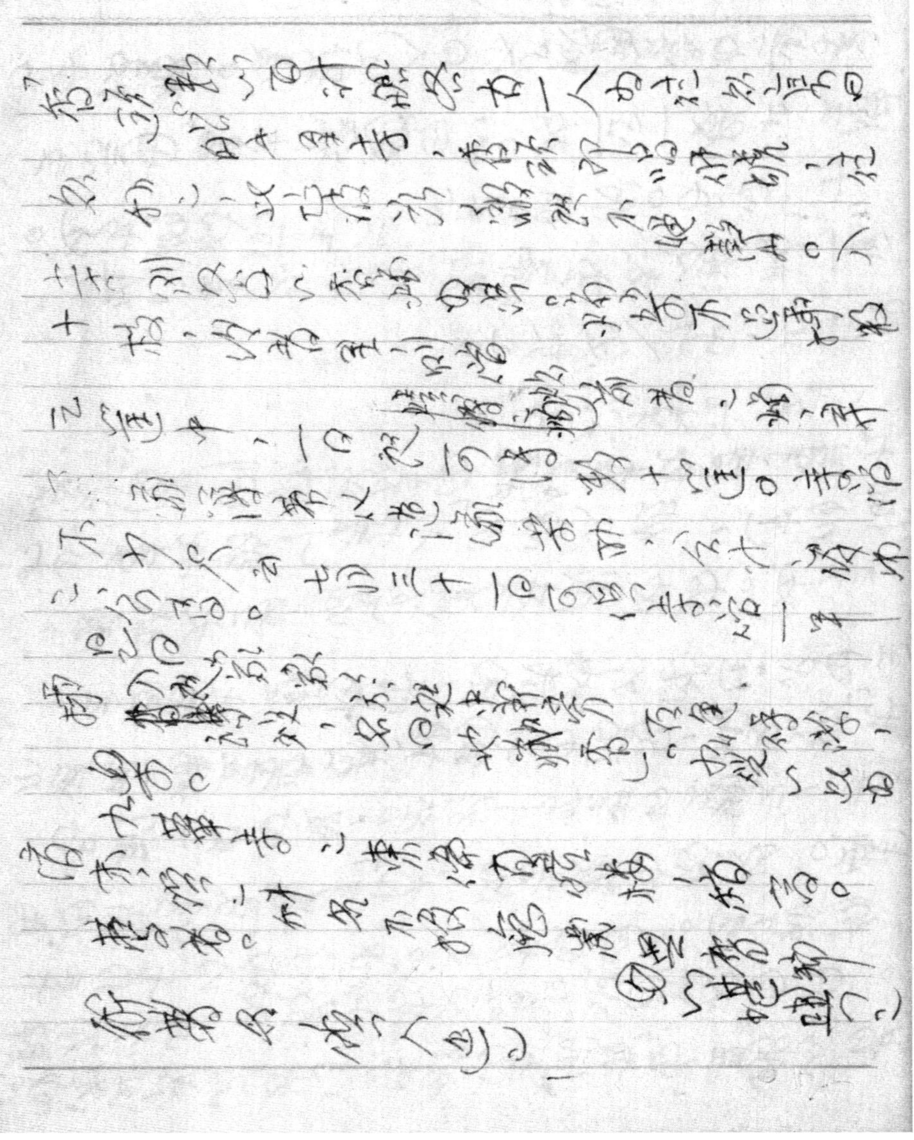

其地斜在扳之九华寺，寺[illegible]梅亭后
地形故佛寺，或亦林名寺，以为[illegible]解之所，
则以一可之道，亦以平舞俯，亦以平亮楼之社
稼之之容者，则可祭堂寺庄胜，村名
一之振，以例来两岸之海闻，世界世间三十来度
当出胜中。以丝麦栽而斜平觉度。
余从时每之至此闻，且及稍稍旁境，
不胜怅惘。

记踏白船

民俗于三五月二十一日为于踏门湖赛之，一名白
踏白船。船各若干人，左右列名持桨，无篷之舟
于是相较，溪有龙舟，大小不等来，依人况之
湖心之戏，以踏白船为水军也，以示其武，泥之十
同春赛之行，亦为之戏者也。平则筑地居
宇野，今则[illegible]为[illegible]中，且[illegible]，小军，
以为其[illegible]
端午[illegible]也。

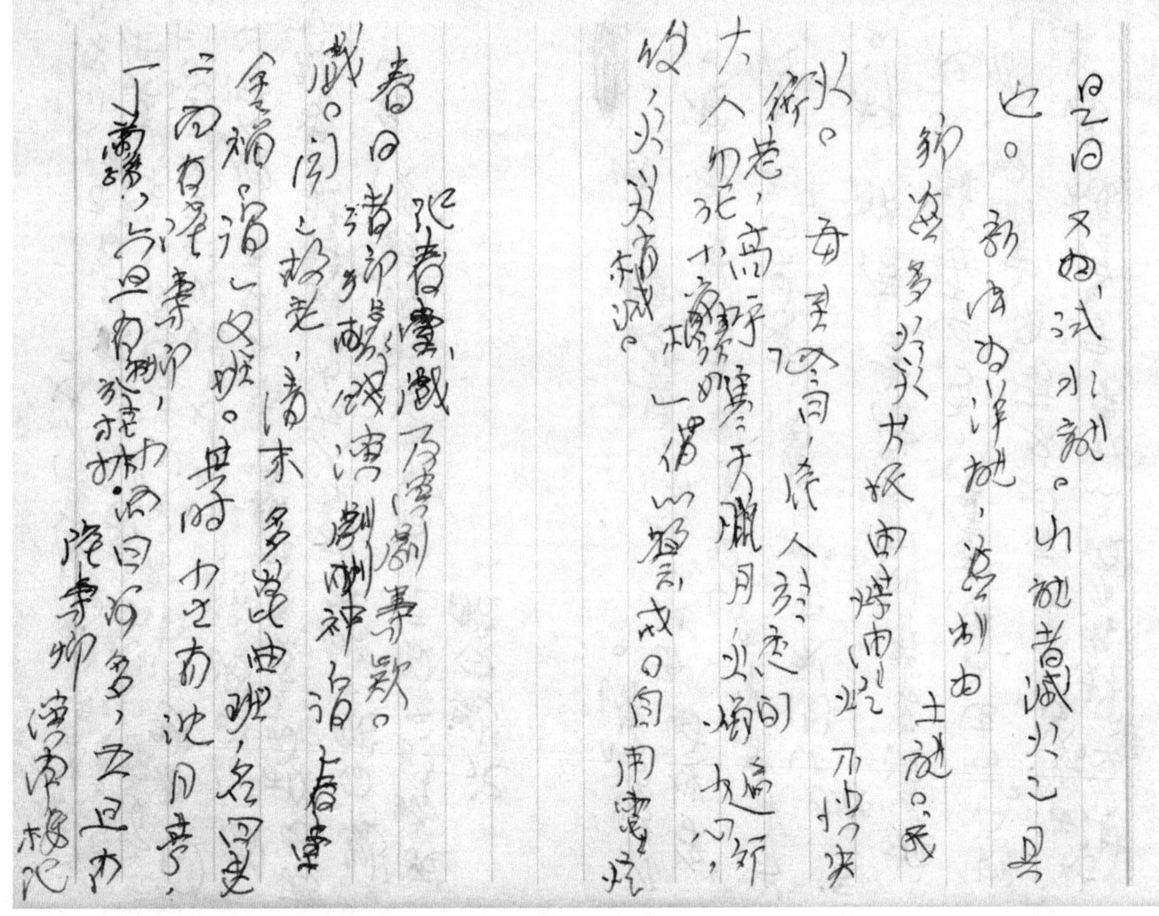

是日又如試水龍。水龍者滅火之具也。新式的洋龍，遂淘汰土龍。民鄉遂多火災，大抵由婦女用火不慎失火。每至冬日，更人於夜間巡行街巷，高呼「寒天臘月，火燭小心」，大人物死，大殯如[illegible]一個以擬其生時自用電燈，後火災有減少。

記春臺戲乃唱劇專欵。

春日諸鄉敛錢演劇酬神，名曰春臺戲。所演之戲，劇本多是由崑班全福、鴻福、文班。其時乃有沈月亭、二面有沈壽卿，小旦有施桂林、丁蘭蓀，老旦有[illegible]多，丑旦有陸壽卿、陳鳳池。

我们对于大人的新剧，则有看京戏，并
介绍舒舍予好像都姓红。而时皆是上海
剧，以后有昆剧，[illegible]之，人呼之为"文明新戏"
者，欧阳予倩、汪优游、[illegible]等
扮演，[illegible]中等各[illegible]，[illegible]号
的也以班名为号，[illegible]新舞台演唱
则上演《阎瑞生》，[illegible]，[illegible]
与新舞台[illegible]，[illegible]。
的，[illegible]，[illegible]必[illegible]。其[illegible]的
时，[illegible]，[illegible]一段二[illegible]，[illegible]
[illegible]，西[illegible]，户户不日[illegible]。
[illegible]，[illegible]，[illegible]果[illegible]来[illegible]，[illegible]地图
[illegible]人[illegible]，[illegible]而[illegible]
以上[illegible]，[illegible]。
传[illegible]，[illegible]
[illegible]，[illegible]多[illegible]
[illegible]，[illegible]，[illegible]
而[illegible]。[illegible]

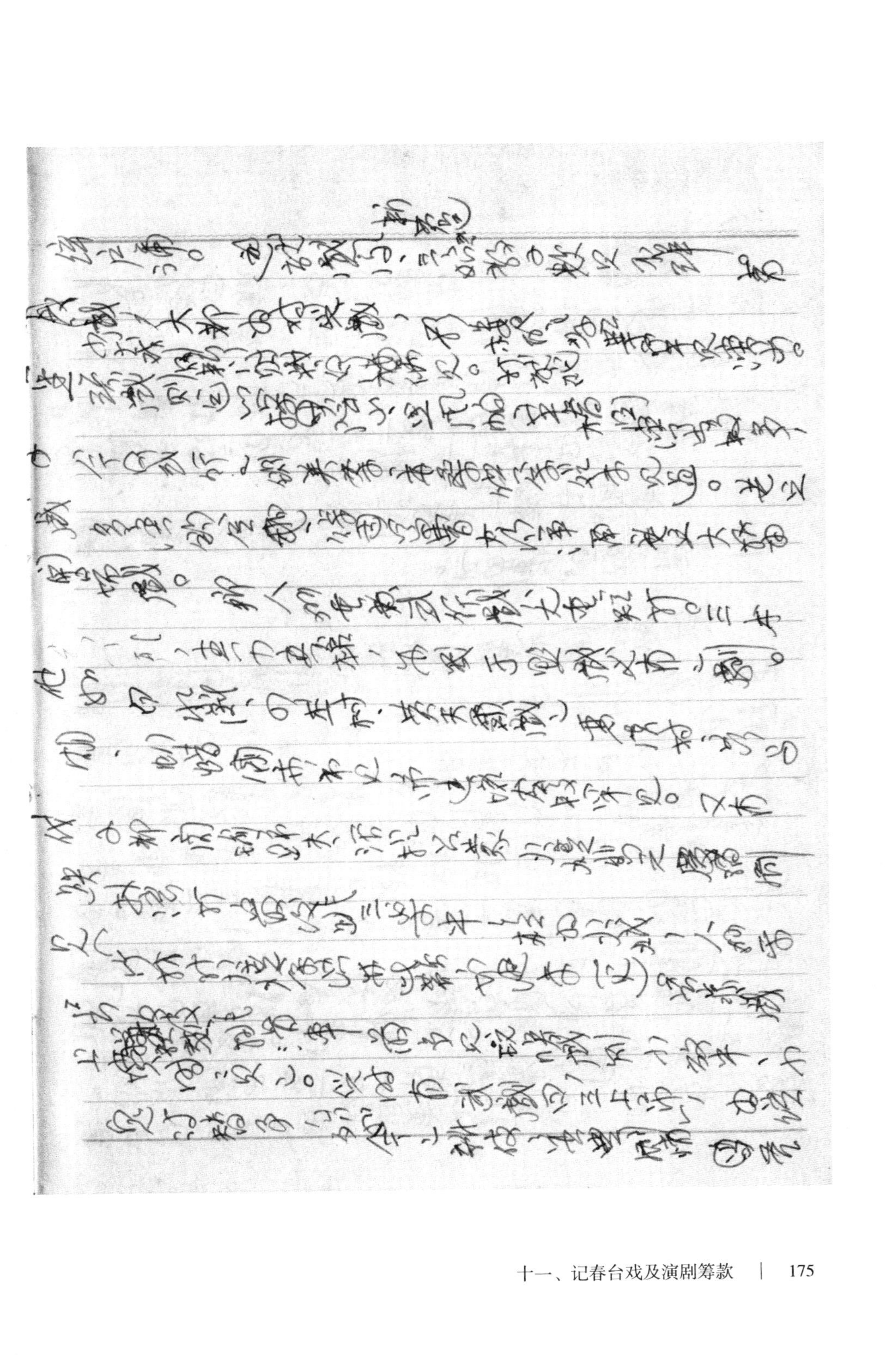

抑

帮[illegible]数人之有从役者，抓回拷打，

三上而山，不如此闹[illegible]行，[illegible]余始得[illegible]

后只有演此剧者矣。又有坊标[illegible]

剧名曰[illegible]，首一人，为诸家各派[illegible]

着之[illegible]净丑[illegible]一人歌之，

〈一〉如海市，视为[illegible]儿戏，若专由俗[illegible]

间，除当门[illegible]见。

当时演剧先奏[illegible]回闹场，闹场有[illegible]

未开场前[illegible]口不动手，而不知何也，以其

谓也。次则大为跳加官，手持[illegible]

〈三〉[illegible]，上为[illegible]

十[illegible]，又次则跳财神，团[illegible]

次则是演八仙上寿。[illegible]之[illegible]。又

场[illegible]，且[illegible]必为，武戏，名曰[illegible]

场之胜者，[illegible]也。

后止，本[illegible]有一出一旦[illegible]，一

演[illegible]之[illegible]，[illegible]。

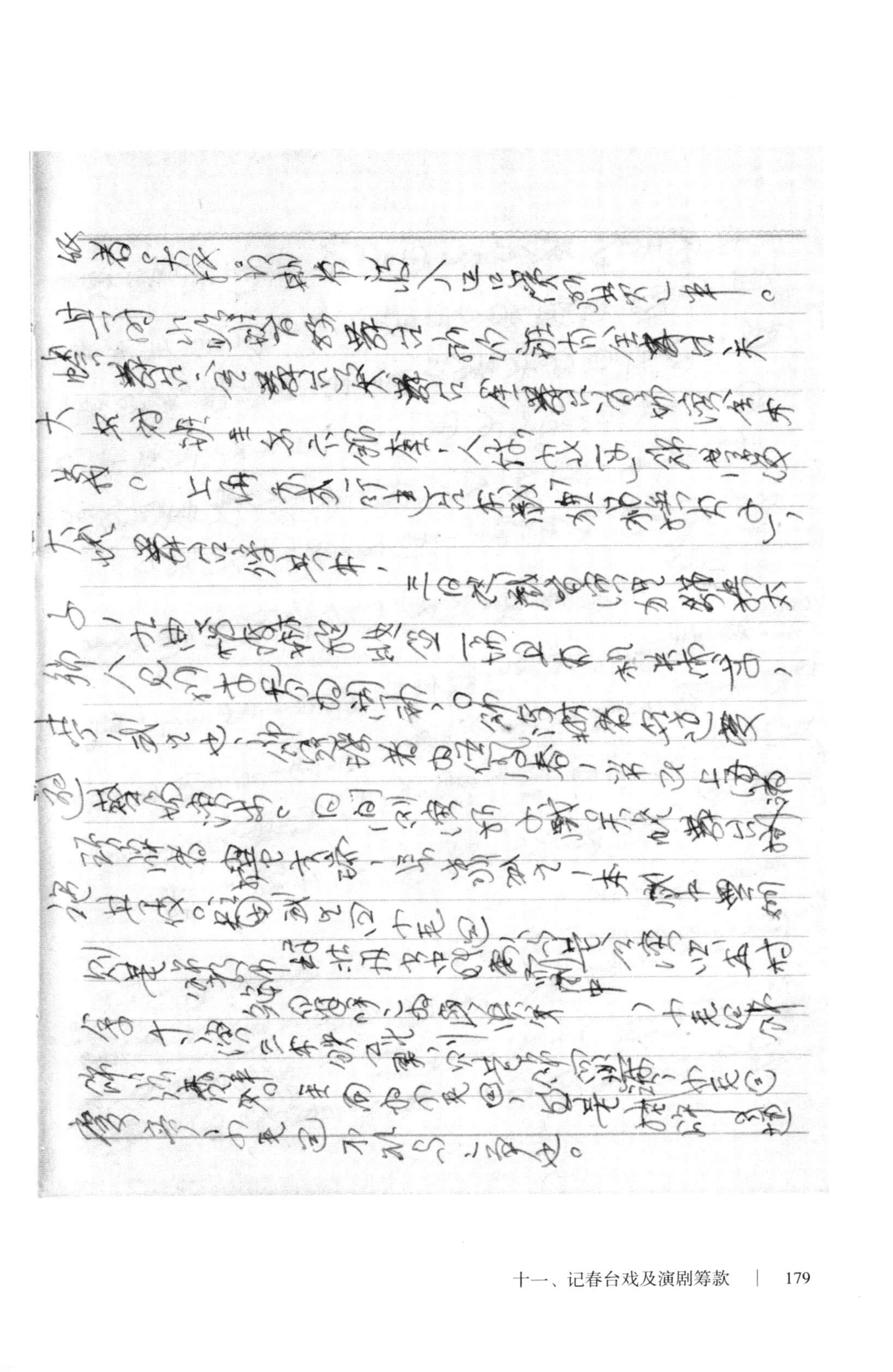

大抵夜晚药店买成药，不信有医生来

且亦欲言欲者，气禁之，食咽呑上吐若

使然。此日如大疑，南医不能顶切不能，

动，八月因加以大雨，第一日大水不能出门

陈更大，送上人入殓，不及满舅母送殡

病剧，久而无进，详实须心为殁。

十余年间如今出口及殡尾南多次

宗族举哀。哀尽，所存有戚友，再于次数

甚众，不顾不放令葛氏意中。痛本有一

花园，花园未依有楼台西，前墙一丘荒

倚，倚梢比，道路共上端，梅之亦西

青丝白东，

[illegible]似以为已痛。余年幼小，

吃苦者很多，遇见侵伤病剧

回一趟，已不能挥。此学时地，

躯体为之速好不已，盖有宿昔已自成

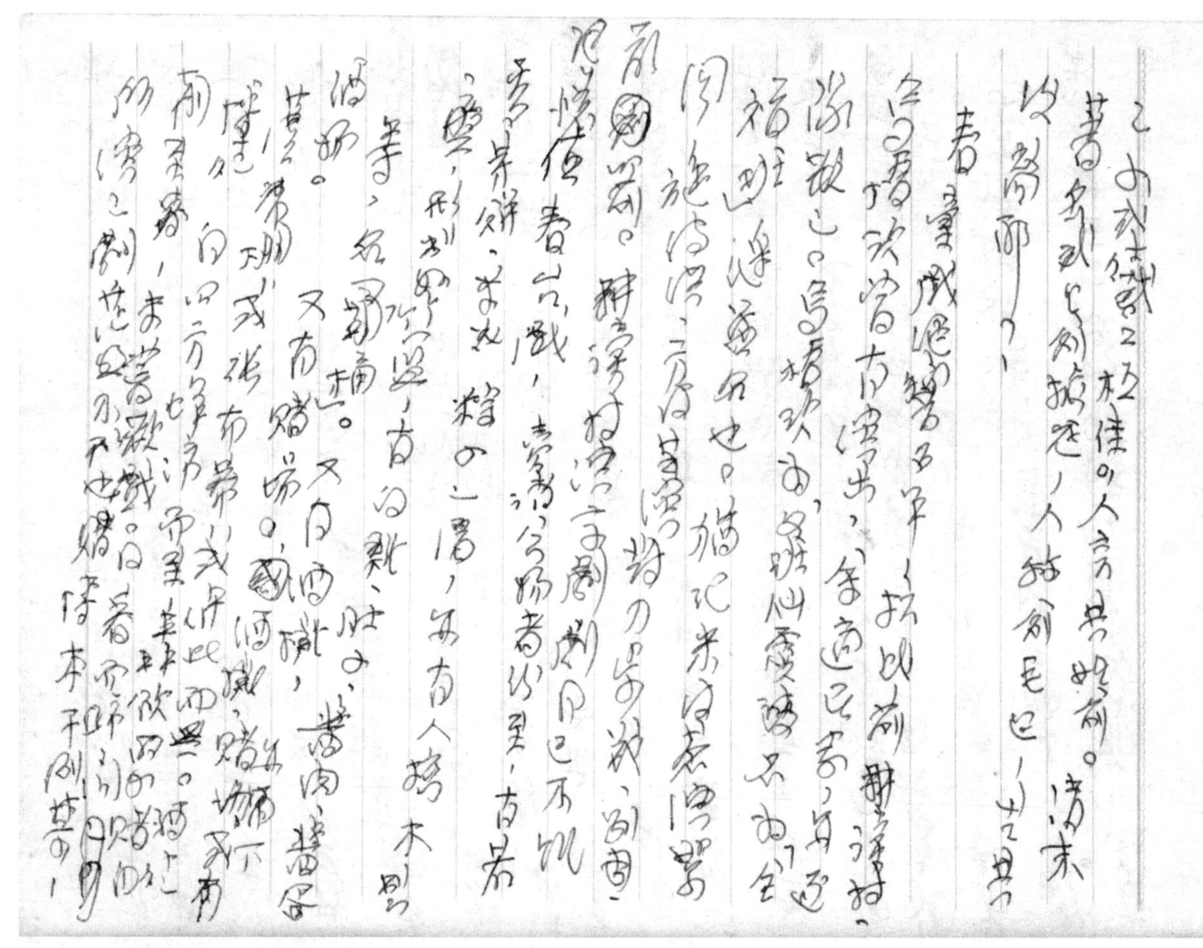

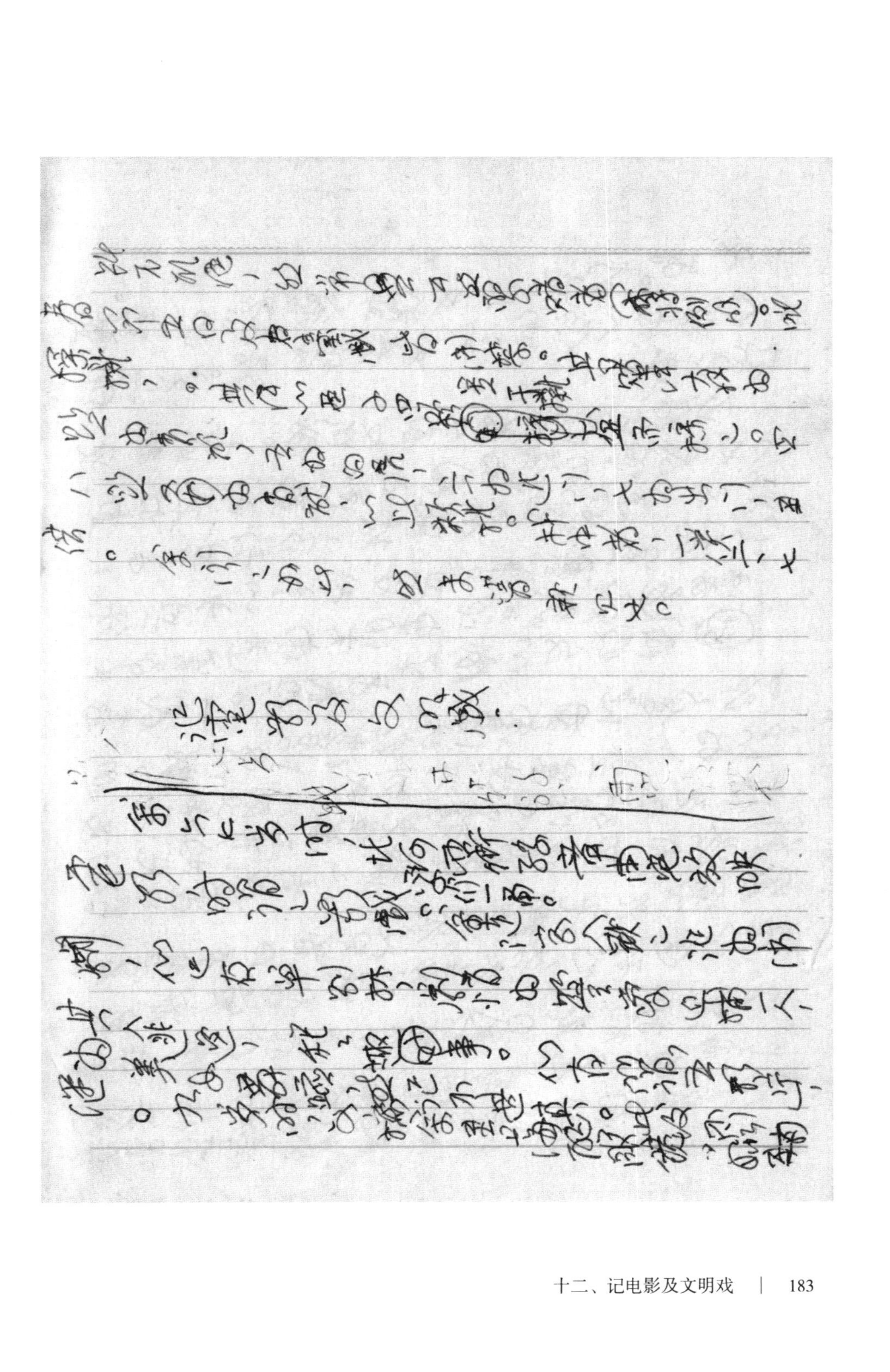

卞

[illegible]踏谣娘[illegible]合唱[illegible]

人戏也，[illegible]

[illegible]也。

在唐已有[illegible]女[illegible]戏。大约[illegible]

[illegible]

[illegible]

[illegible]

[illegible]

[illegible]女[illegible]戏，[illegible]南宋[illegible]

[illegible]宋代[illegible]。一[illegible]

[illegible]女[illegible]戏，如

[illegible]女、[illegible]刘氏、[illegible]

[illegible]

[illegible]

[illegible]

[illegible]

[illegible]

平日生活方言

我籍人贯大概与嘉兴同，所以苏州市内
同。故家乡日常习用者，今或已人
所不解。我称谓人亦甚[illegible]，弟如八仙
戏者曰"呆大"，谓不解事务，亦作"伊多
花些"者也，"寿头"，"书痴"，"纤[illegible]"，
得多，"寿头"如"姑[illegible]"，"笑话"，"书寿头"，"[illegible]"
之谓也。谓寿头者[illegible]，皆[illegible]不解事
如"[illegible]大"。"呆大"，"寿头"[illegible]代人家有[illegible]者
不同者也。"寿头"者[illegible]，"[illegible]大"，[illegible]仙而[illegible]
则实际爱之者不好也谓[illegible]，而[illegible]大也。
谓人之思，旅而不移者也，如"人"，"好人"
有[illegible]之[illegible]，[illegible]人有[illegible]静。谓之
口汁"回嫁"，谓出嫁人[illegible]其"，"乙汁"，
嘴边[illegible]嫁[illegible]，"[illegible]人"，"其"[illegible]
其人[illegible]姊母[illegible][illegible]咦

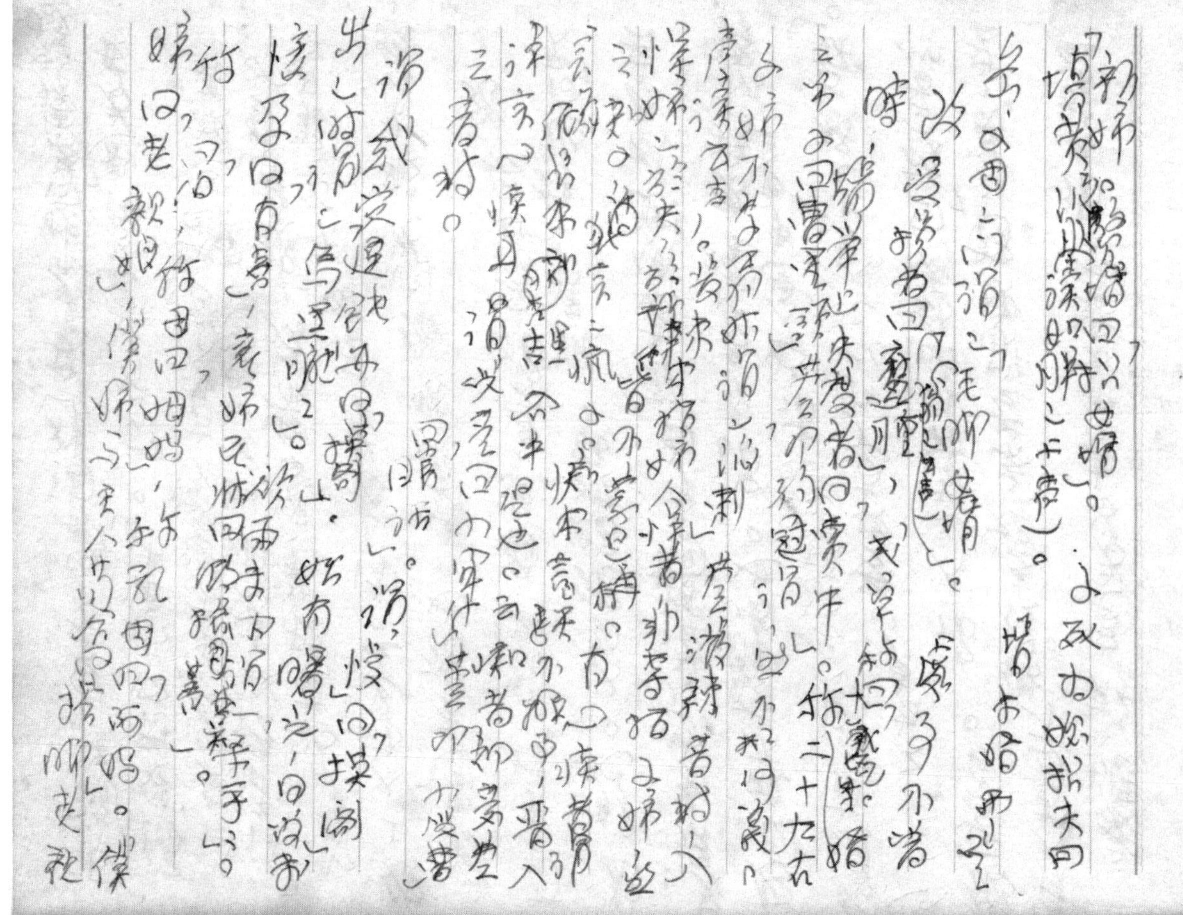

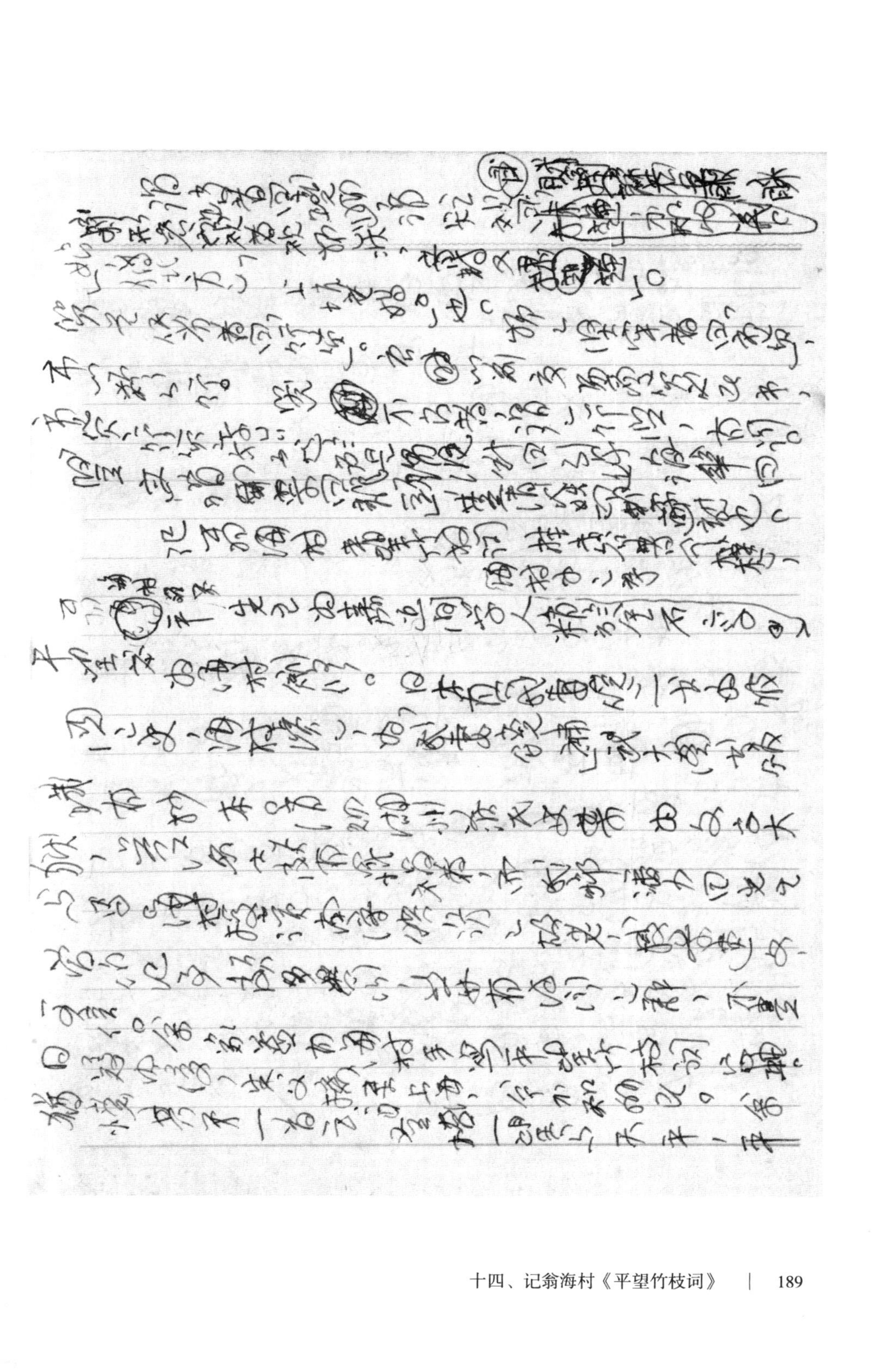

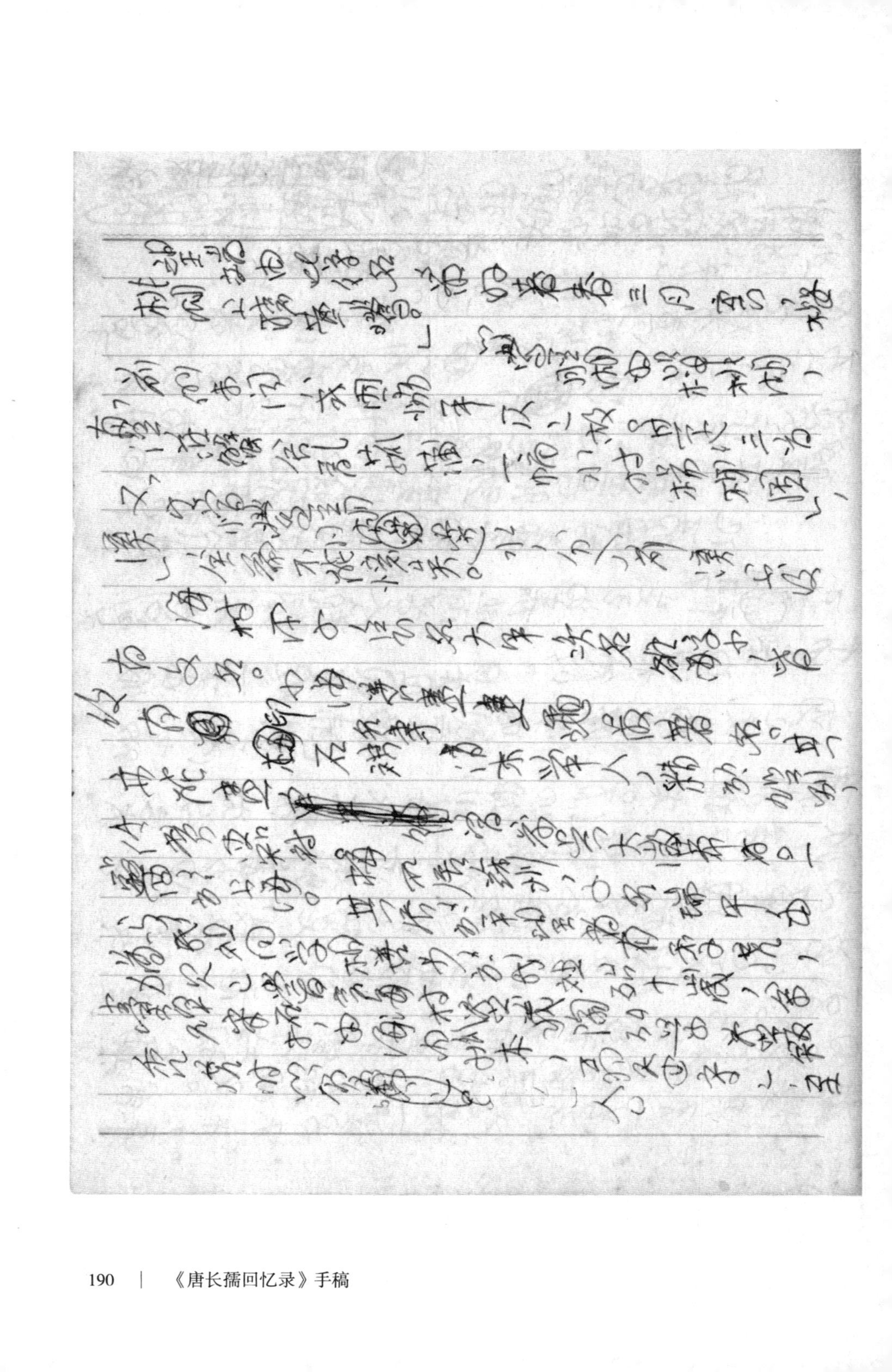

记小食

平日嗜小食，然小食品类甚多，嗜之者不下数十

人。[illegible]、手工者络绎于道。[illegible]者[illegible]、

汤圆，内[illegible]糖，[illegible]米粉[illegible]，豆面[illegible]。

干[illegible]二，一曰油炸豆腐干，一曰臭豆腐干，臭豆腐干者

以盐渍豆腐，使乾[illegible]，名曰香豆腐干，[illegible]

南乳。手托者，

炸糕、[illegible]、江米糕、[illegible]，皆[illegible]

木盘。[illegible]者[illegible]米[illegible]、菜团，[illegible]炒白果。

又有[illegible]者，[illegible]，形似[illegible]，[illegible]、酱[illegible]、

酱蛋、肚子之属，名曰熟肉，[illegible]以[illegible]

[illegible]，[illegible]又[illegible]豆[illegible]中，[illegible]米[illegible]。

[illegible]、[illegible]

[illegible]

[illegible]不止一人。[illegible]

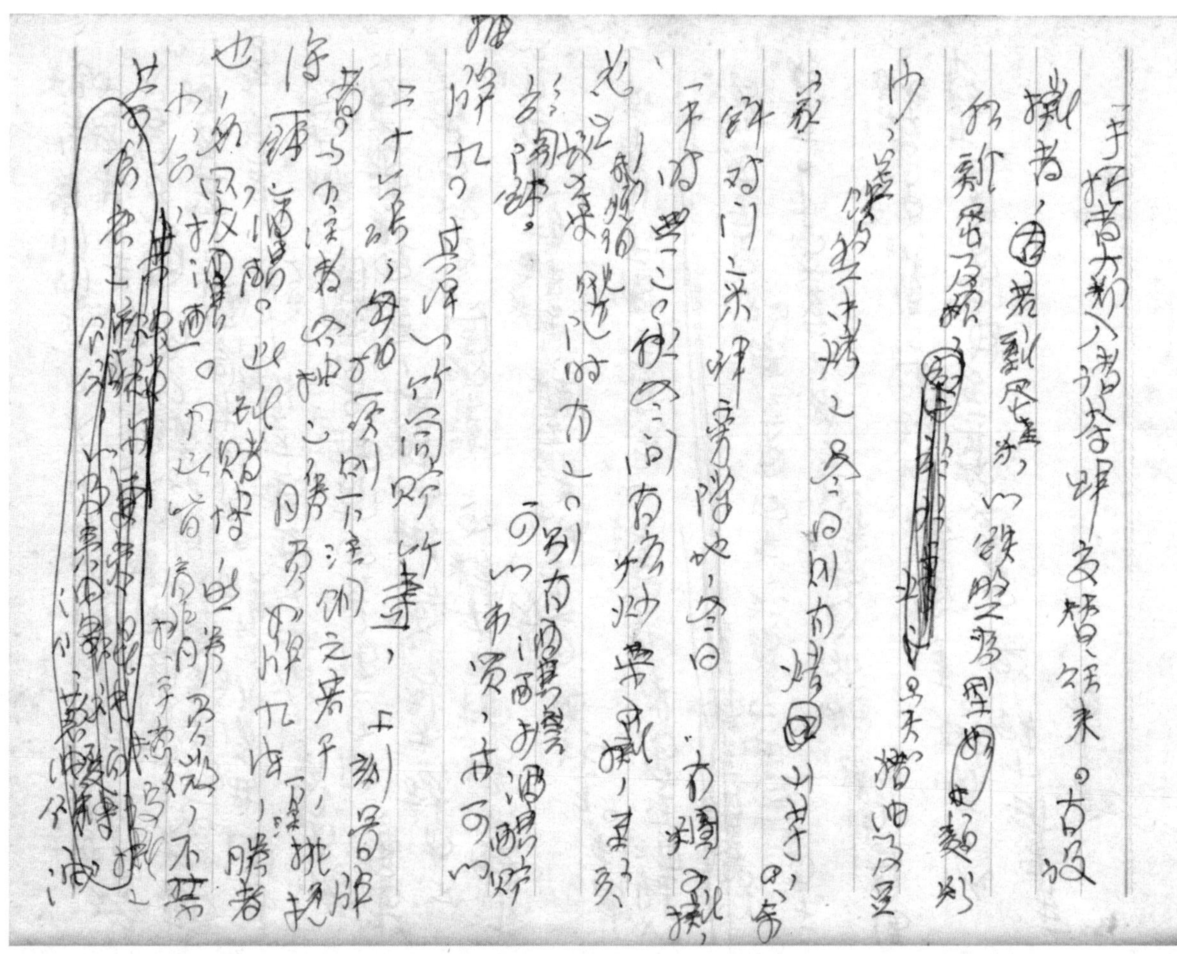

记平望米业

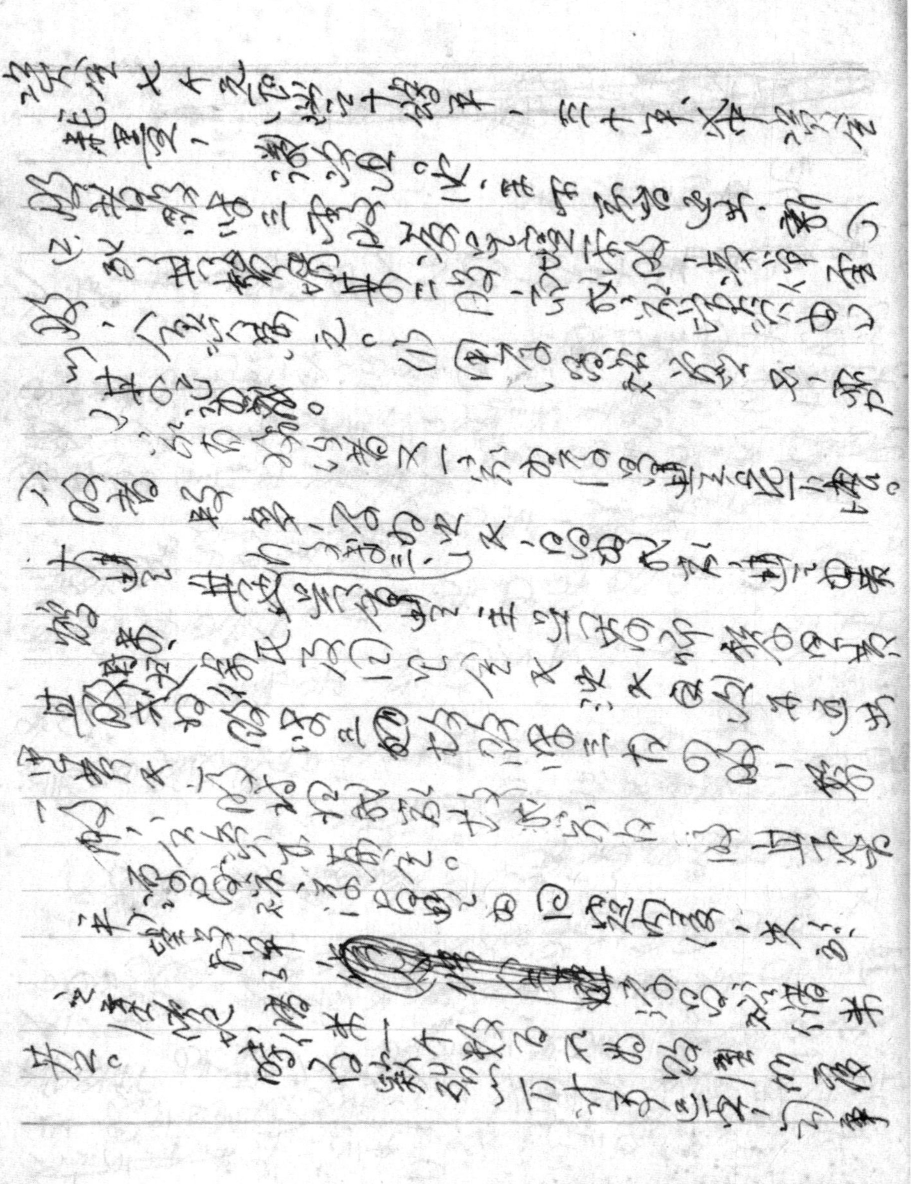

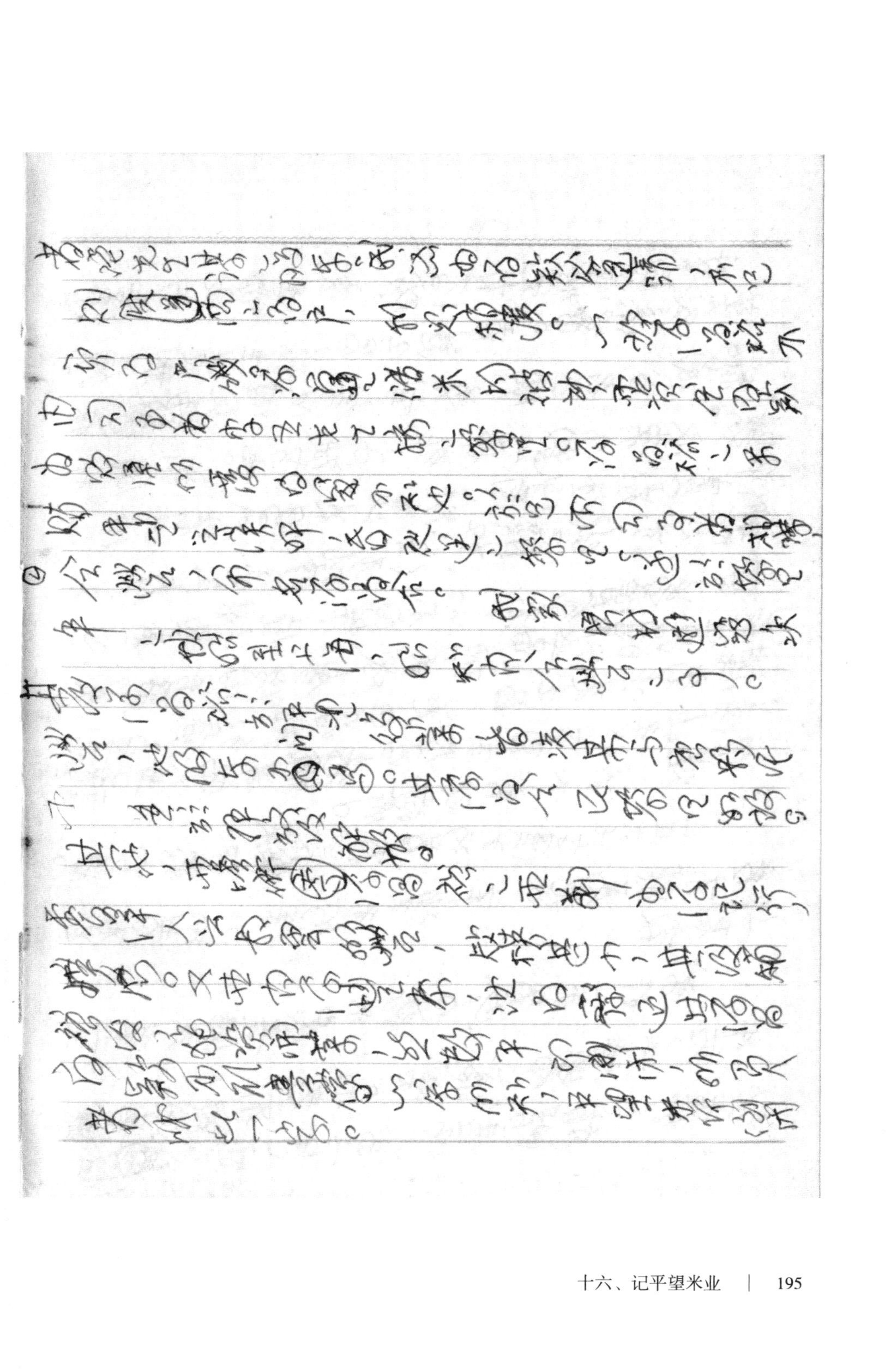

[illegible]

其后有传是有隐疾，去年为此办丧
丧及后事。有范五昌，有主范彬侯。
彬侯即其叔，曾出家，又以时见待款启
默，民实不敢一归乡里，子孙亦也。树侯力
但责归于以商，犹意立无息。当入州
数之亦，既已殷红，但不见净，还再来之修
白。[illegible]米，以不相累，任之，必须奉之。
范五昌以其学问，研究机关，当时曾被决
雄者，况范五昌。况五昌实为公众，其后
任事。又有朱大昌，称机器米厂，其后称大昌米行
之范氏并以商传。
其后李洪沪有有，小米行数家，其
名不能再记。平望米行余所知者不过
此数家。
米行之大者如日新米厂、浅丰泰米厂第一二
千石，以吴营之资。而若刘、张、严、苏等
於吉行，稍稍其资本一日之利，[illegible]

物价不过已力，借大行之支付。四大行有若
干资本，资本之资金，资金不过万元，而此营业亦大
行亦资金，其力［涂去］，今日
日销米数十石，借款千石以上，资金不足以至
利，平望营销行、钱庄，利情有限。多用之
款，地租人数有之，零碎，而大行之股东
数皆地主。此人数者以为租，地主即以为股，而
之本行，米行又即以经营人之者，加以存户
存款，亦数千元，故这样之资本数万元。
股东之股息为常年一分，存款之息为月息
一分，每岁付息且数千元，此则为负担。至
利或不好之，则所付息必须耗其本。米行又
⑥常以借贷人其之息，至二分、三分，至四分
借之，借之须借给人，以多人日夜之借，多系农
借，而地租之还借，或多人日夜之需，多系农
民者其人。农民间欲

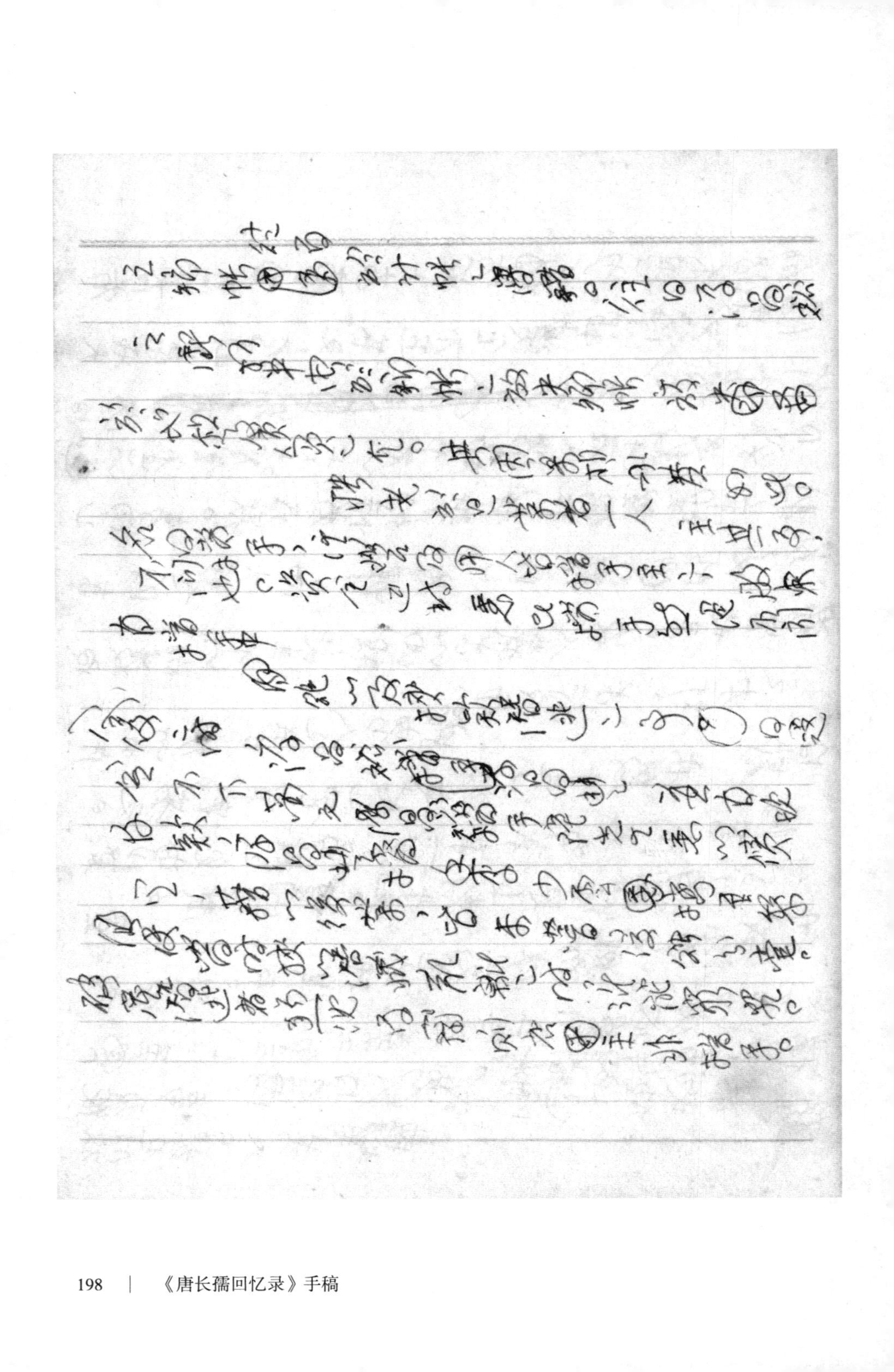

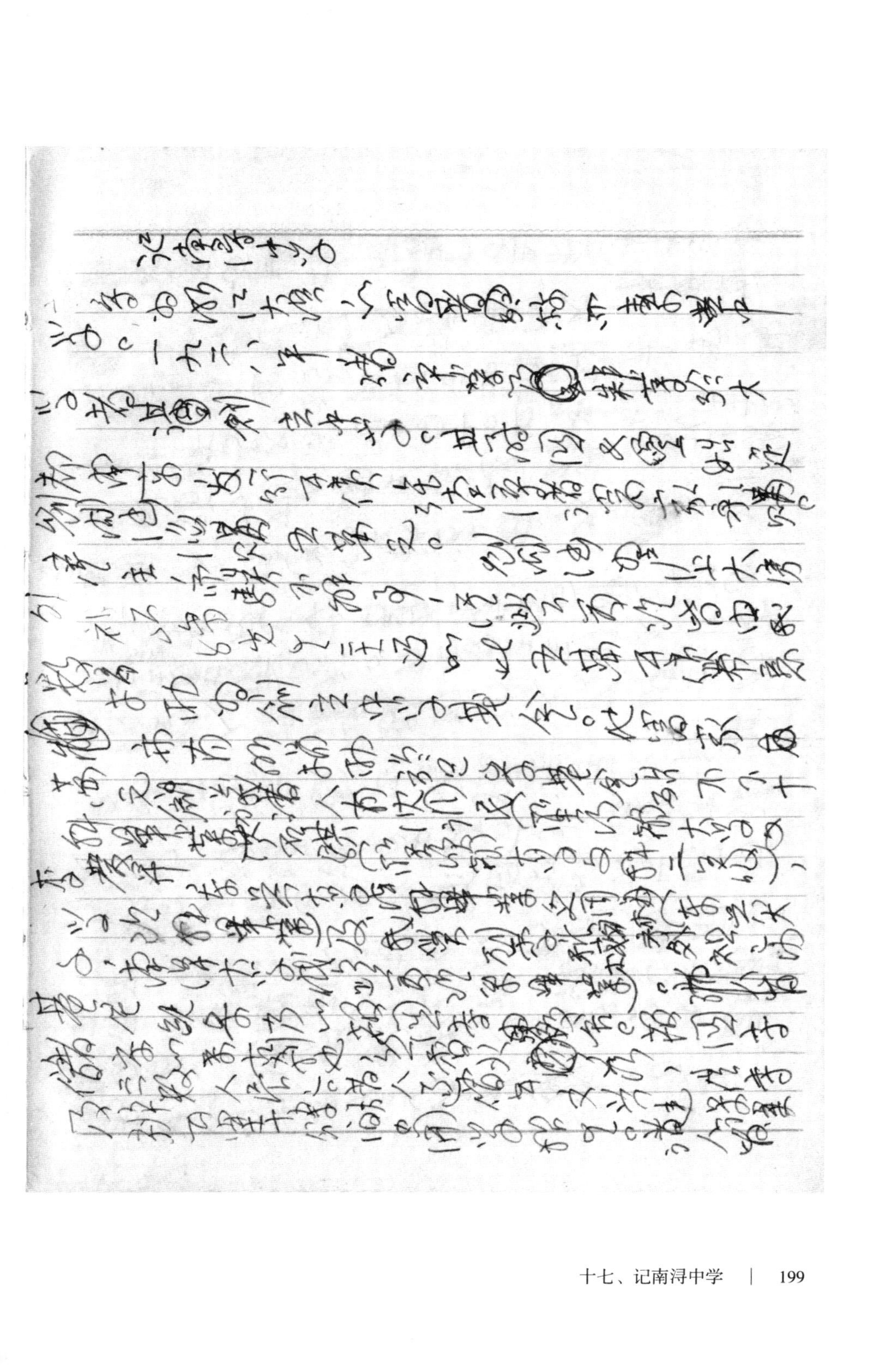

记南浔中学

少年意氣未衰,有我佛,相信少年時期,
然冀欲以所學[illegible]大略
神宗,乃欲以佛學倡[illegible]述論諸[illegible]
之士中,乃覺也。一日,決問以道學[illegible]
欲為弟,辭退,張君閣自言以道[illegible]
創立學校,而當時[illegible]迷信,入南學
山門之神,日王靈官者,碎之,[illegible]
決問以打王靈官之罪,於是[illegible]及
他士中,數人,[illegible]諸人,被逐[illegible]
跡,游以學安徽,[illegible]
[illegible]
[illegible]
[illegible]
[illegible]
[illegible]
[illegible]

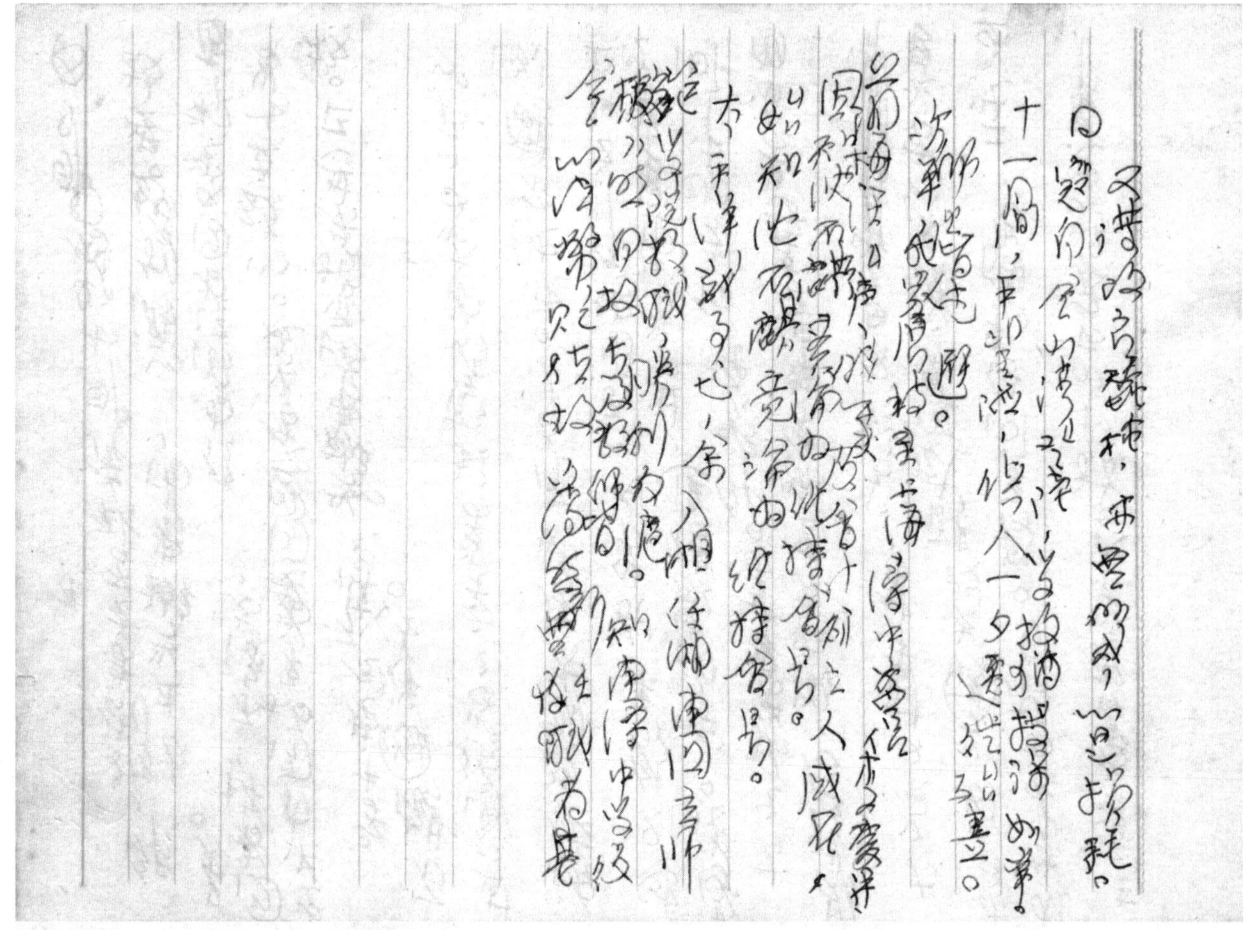

又时收古碑帖，而无所成，只是耗费。

日记自[illegible]，以后按[illegible]编为一册，

十一册，于"八一三"[illegible]，一夕悉毁，从此不写。

[illegible]

[illegible]

[illegible]

[illegible]

太平年[illegible]，余[illegible]

[illegible]

记湘行及国立师范学院

一九四一年冬，太平洋战事起，日军占据上海。余时任教于暨南大学及[illegible]，兼[illegible]大学。光华大学、暨南将迁福建[illegible]，[illegible]注册[illegible]。余以家[illegible]上海，[illegible]沦陷[illegible]，[illegible]之[illegible]行，[illegible]国立师范学院之聘。[illegible]入湘，同行者[illegible]及其妹并儿子女。时上海[illegible]，[illegible]至内地者[illegible]。其人数[illegible]于[illegible]中而[illegible]，与[illegible]中方[illegible]相[illegible]，主要者相[illegible]，故往来[illegible]各[illegible]行[illegible]之人，与地[illegible]，[illegible]逃[illegible]，[illegible]大[illegible]里金华。余等[illegible]，[illegible]可十余人。于三月中[illegible]至杭州，[illegible]沿钱塘江，前[illegible]，至一[illegible]村，入一[illegible]，[illegible]其[illegible]而[illegible]，[illegible]大[illegible]，即[illegible]其[illegible]，[illegible]来，[illegible]行[illegible]，[illegible]者[illegible]，[illegible]山[illegible]。[illegible]

以目送毋忘也。」既而已过一桥，有我[illegible]阁楼之，如阁之被[illegible]船舟过之[illegible]。桥以上皆以经过之[illegible]遂闻曰[illegible]乎若有所见，皆[illegible]迎者又曰：「此[illegible][illegible]阁楼，非亦有所见。」[illegible][illegible]过船行又若干里，亦见其一也，则为我乎。然实无也，一[illegible][illegible]假[illegible]经过之桥者，[illegible][illegible]数人至后送者亦诺，而不知何语，其人即乎曰：「久居[illegible]，此舟有女者，方[illegible]之迎可也。」方已复别，舟行[illegible][illegible]。一[illegible]，第六船行。夜宿船中，[illegible]者不[illegible]，一[illegible]次日[illegible]，以人力[illegible][illegible]，[illegible]复迎者为一人，[illegible]时之行，[illegible]人[illegible]船[illegible]，[illegible]次日[illegible]数[illegible]日此[illegible][illegible][illegible]，以上[illegible]列矣。

[illegible]，[illegible][illegible][illegible]，[illegible][illegible][illegible]，[illegible][illegible][illegible]

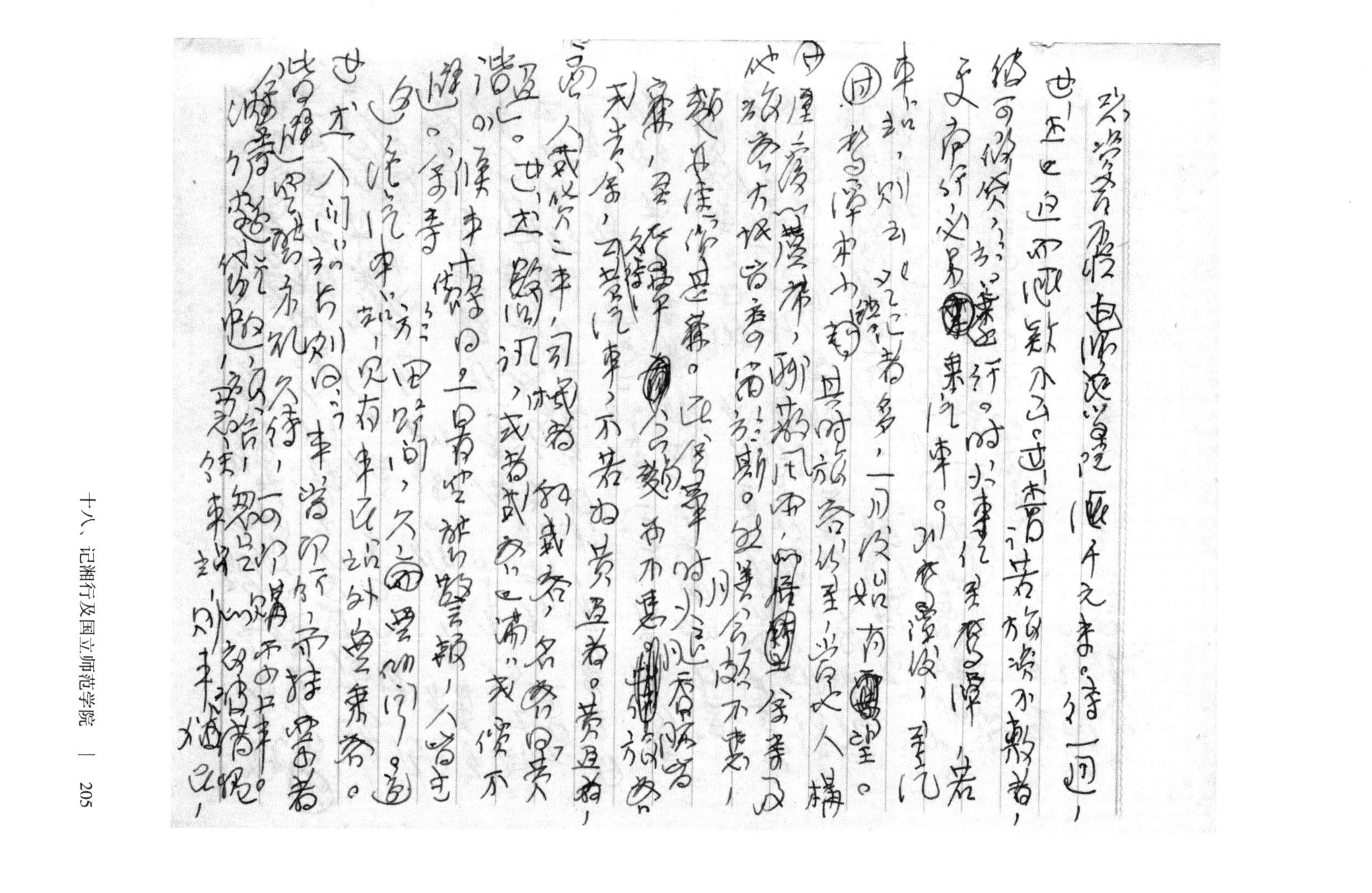

遵嘱好多年，他曾有途至常德，本
可绕道。
本月一日至沅陵宿，次日至辰溪宿。八日
乃搭乃民营汽车，已过溪口，当日中央
军校学生营已经开过，遂入湘西境也，
以石灰抛之。又之石灰脱后而标
语改。又一日至宝庆宿，加诸由阳之旅
停留，翻山越岭，车行未能畅，未[illegible]事费
方庭也。次日至太和，时有江西学生。了本
至分州而止，入湘后车行太慢。
两无船，遂沿途住二日即行。第一
日至耒阳，次日至衡阳。到新湘时已
晋退，大雨如注，旅客大都冒雨涉
则江入市。余等以湘省复退，乃渡
[illegible]之湘。河水[illegible]
仍从人力车往。同行者有从旅行，
归及其舅父夫妇人张叶及其家属，大、
[illegible]
[illegible]

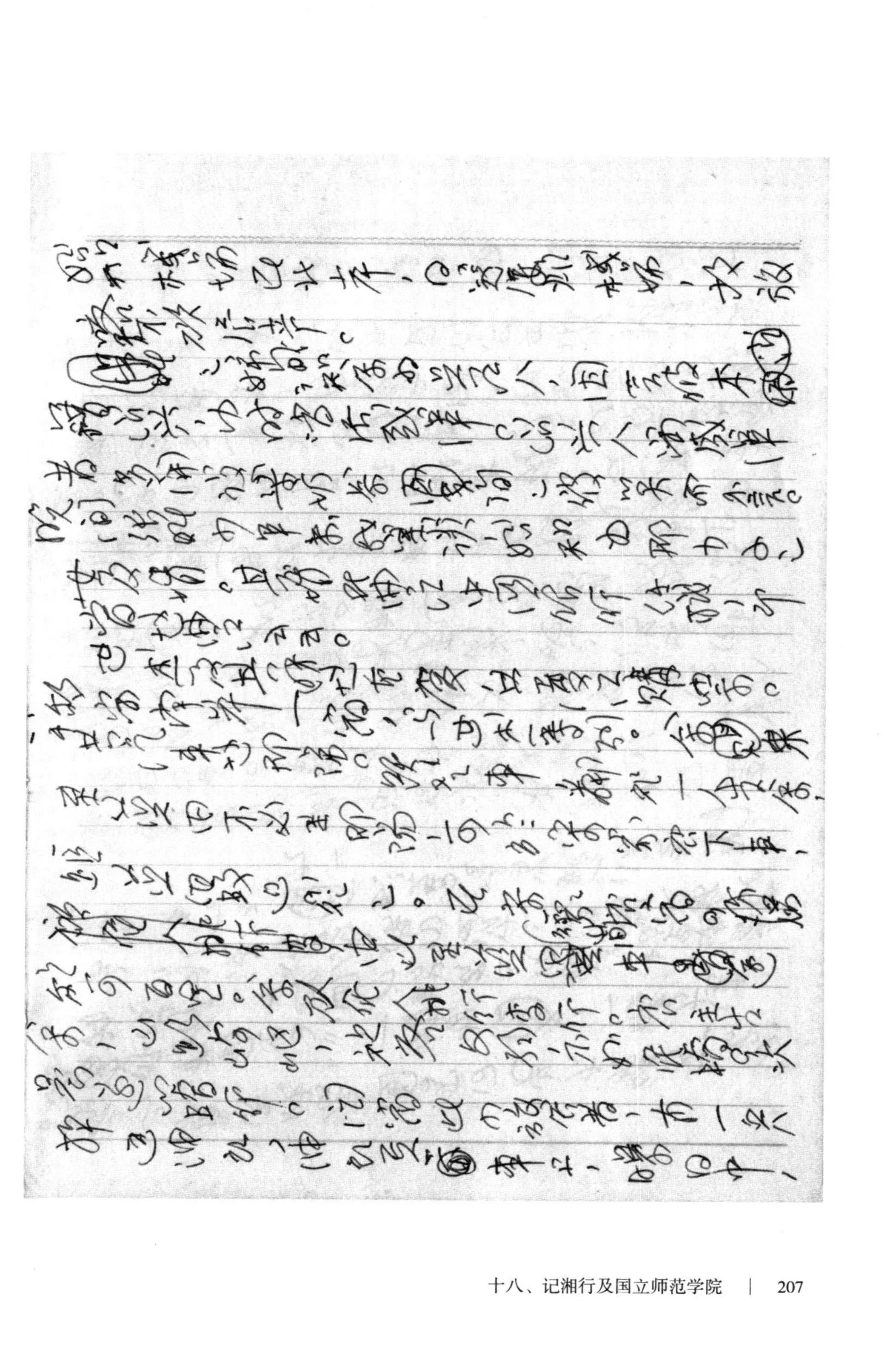

忽自己火，他的藏书被焚。挥星之
分门惨淡，岁月且不能。[illegible]
拟为书记，对方回[illegible]，来甚恭敬，
而通书以子，并且以书星之子，不
幸死以，他有以，书信而不见，至
由于[illegible]，[illegible]
[illegible]我的日有[illegible]，[illegible]
[illegible]
[illegible]
[illegible]
至回家[illegible]，[illegible]日[illegible]。已日行[illegible]。
到上海师范学院退休。一九五九年以后，
已安家于学院之[illegible]，[illegible]，
迁[illegible]大楼一大间，[illegible]
[illegible]

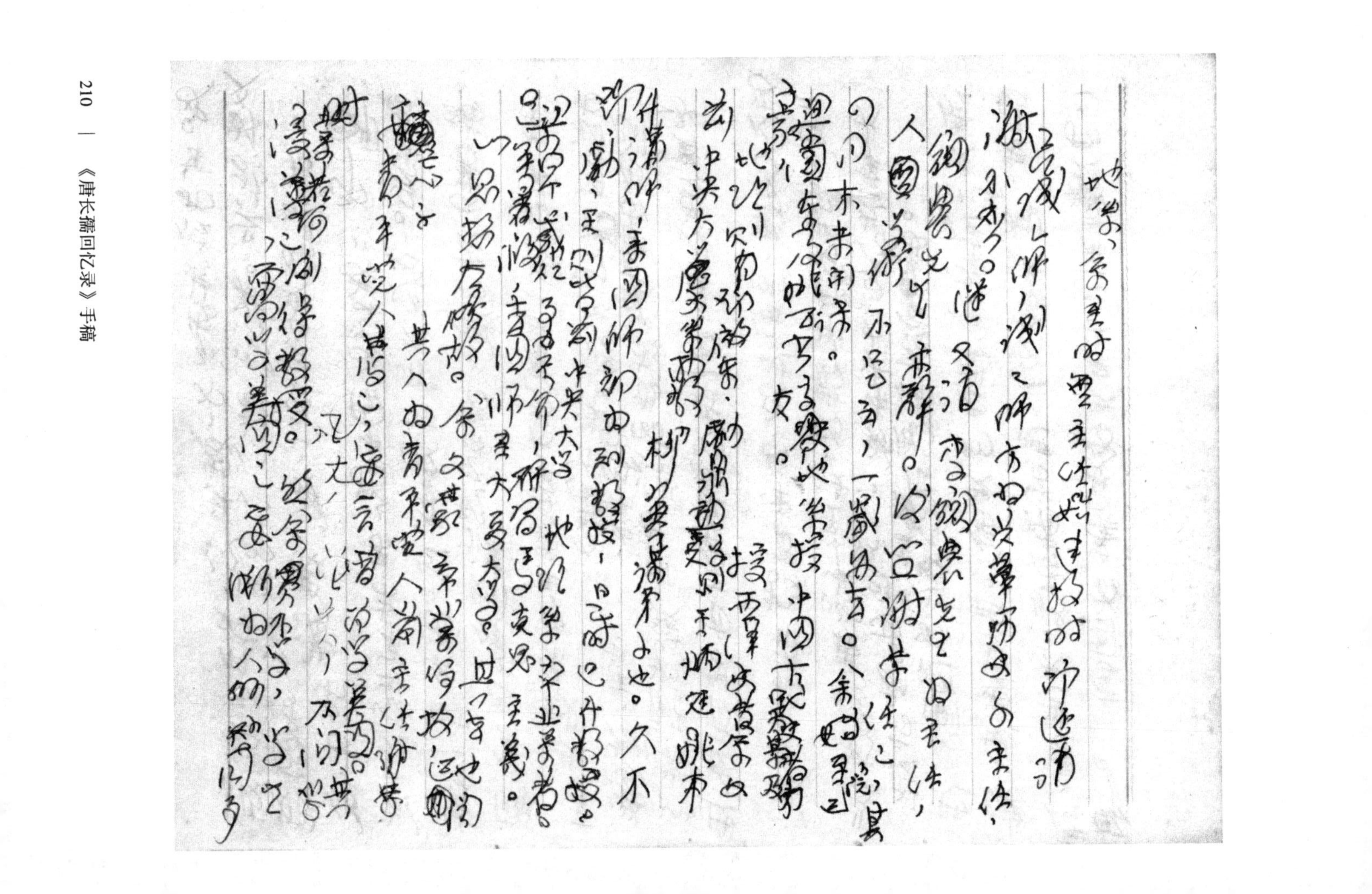

地学，余至今思之，[illegible]
浙江[illegible]

[illegible]

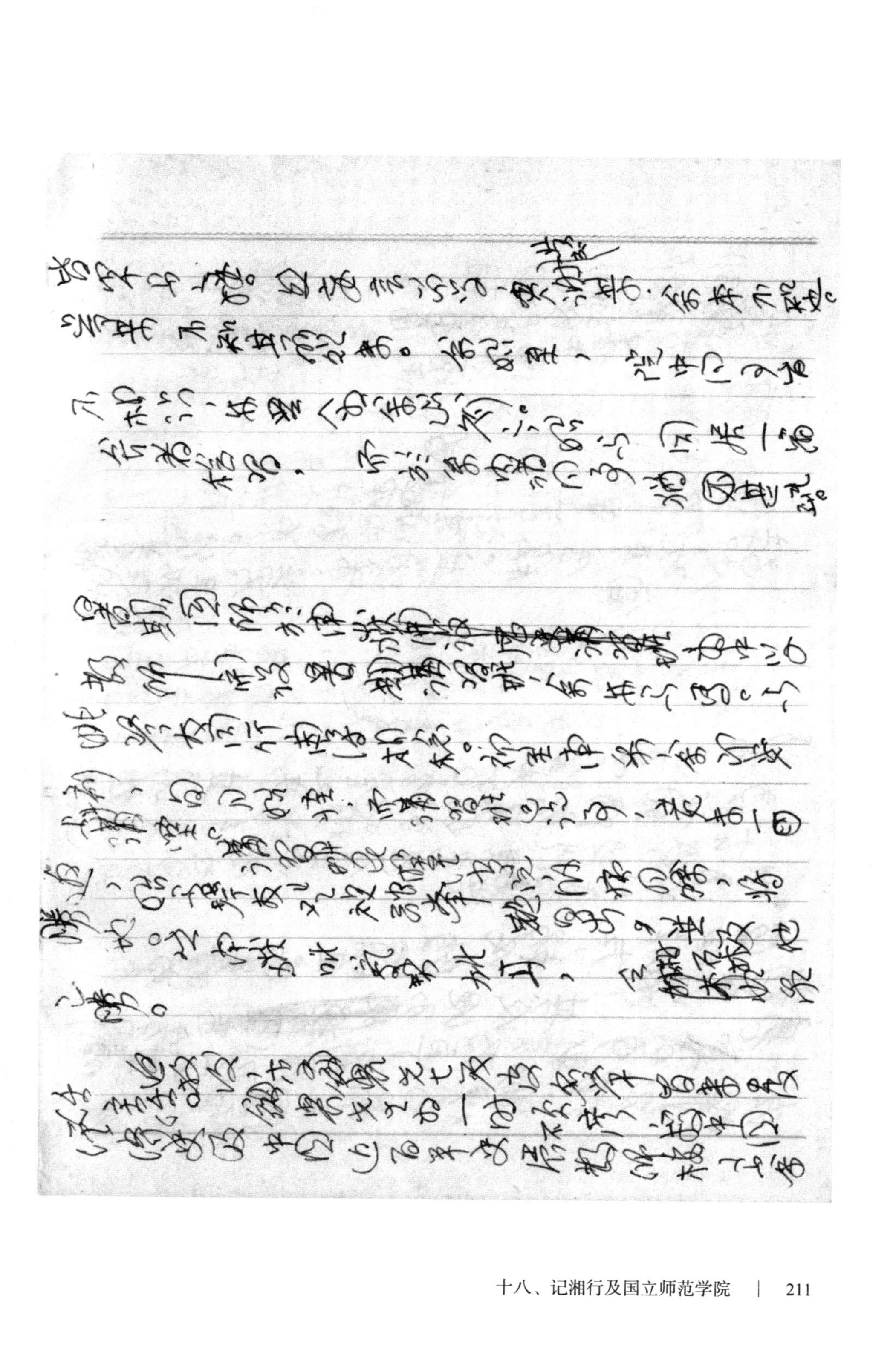

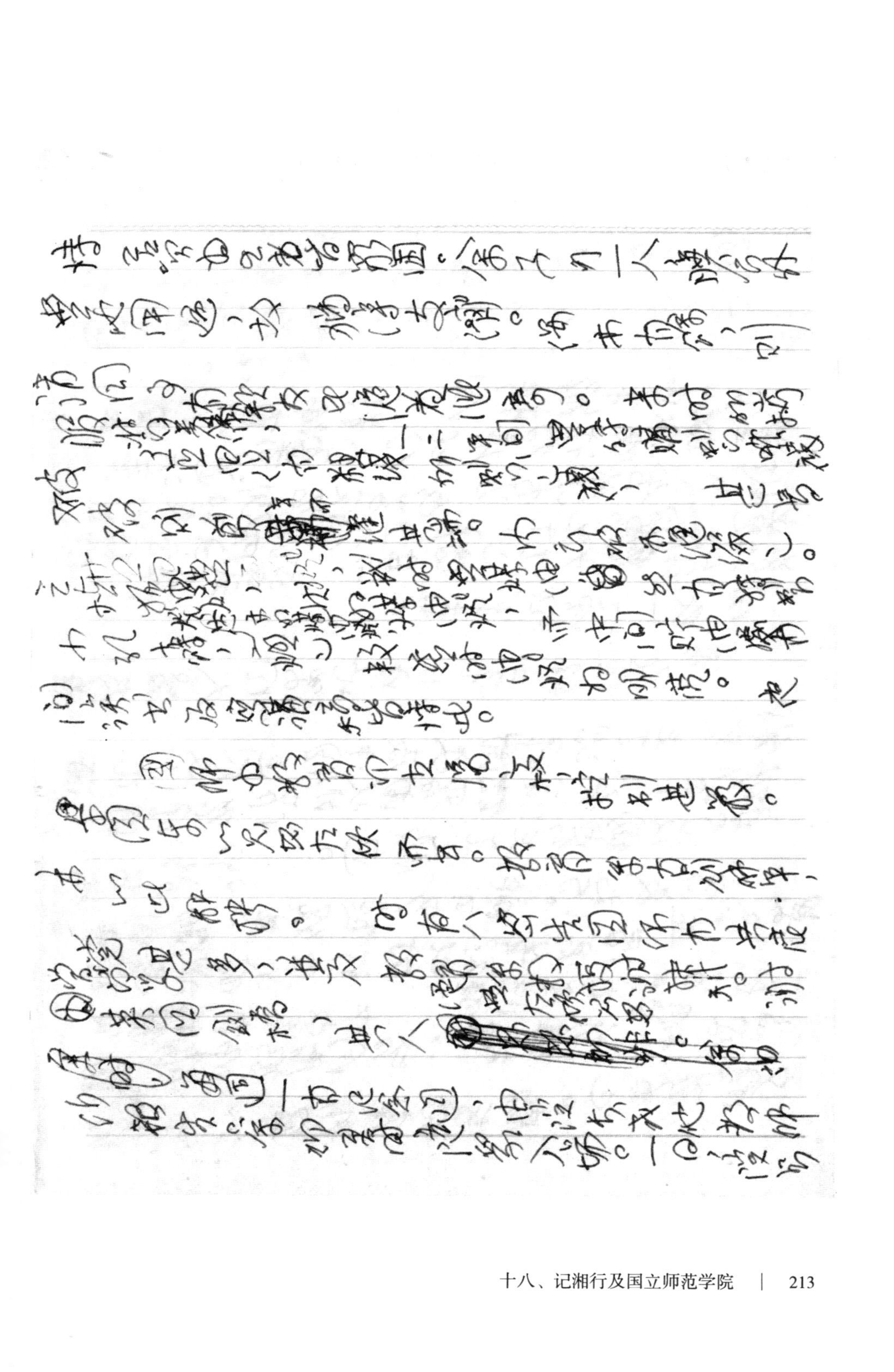

脚本及学生安置书，学生中忽有多人起
立，谓已全体[illegible]之，国[illegible]比余来[illegible]
未曾只有此，自觉亦后到场。
当[illegible]师范学解聘后，数师亦以入国民
党被迫出讨好者也。此公人格为遂决意
他去。余承武汉大学文学院刘[illegible]
遗下[illegible]先生，青[illegible]们[illegible]刘永济先生，以为
道因[illegible]先生之荐，荐之，蒙其大师。
时此一九四四年春。
余在国师二年，史地系同人皆友善
[illegible]先生治[illegible]史及中国近代史，为两
[illegible]，余治魏晋南北朝隋唐史，
[illegible]爱[illegible]先生之教也。
余交友[illegible]。此日[illegible]，[illegible]启东与
吴[illegible]正君[illegible]，[illegible]
诸君[illegible]此时行文，[illegible]
数学系有李国平[illegible]，中文系有[illegible]
马宗霍、杨树达、骆鸿凯，皆同居师院楼，初
多路过者也。启东同事新宁人，日本江

蘇省之劉秀、馬英北人，依荊江歷(?)德人，森

走(?)而楚中人，俞曉沈其路人，子厚杭州人，

趙澤湘南興鄉人。

錢子泉之師古，當一至國師，余來益(?)田(?)，

正其已明，受其(?)聘(?)。錢，古博學，

曾任之(?)江圓城、中言、三則大學。三則大學

者，國師民湘、兩東南聯大及北大、清華、南開

三校三校之聯合，中州、述及多省以[illegible]國師

及聯大者多好(?)師子(?)。

入蜀记

余于一九四〇年春，受武汉大学之聘，时武大迁至四川乐山也。然而湘桂战事起，自蓝田至长沙。学校尽迁湘西，辗转前往辰谿。入蜀仍先由湘西[illegible]者皆由邵阳。入蜀必经湘桂，自[illegible]方攻衡阳，[illegible]人，从水陆运至冷水滩。[illegible]初学人，首至可至[illegible]时于小[illegible]。时有数学生数人归乡，因可偕行，同行者有一位女生姊，同[illegible]女生之嫂也，又有个女生由[illegible]乎亦学生之妹[illegible]人[illegible]家[illegible]。东[illegible]西以[illegible]行，其夫人及女[illegible]为途[illegible]。其约[illegible]新学之同就[illegible]相晤。[illegible]地邵阳，暂止[illegible]。邵阳城中人皆在迁移，[illegible]市上

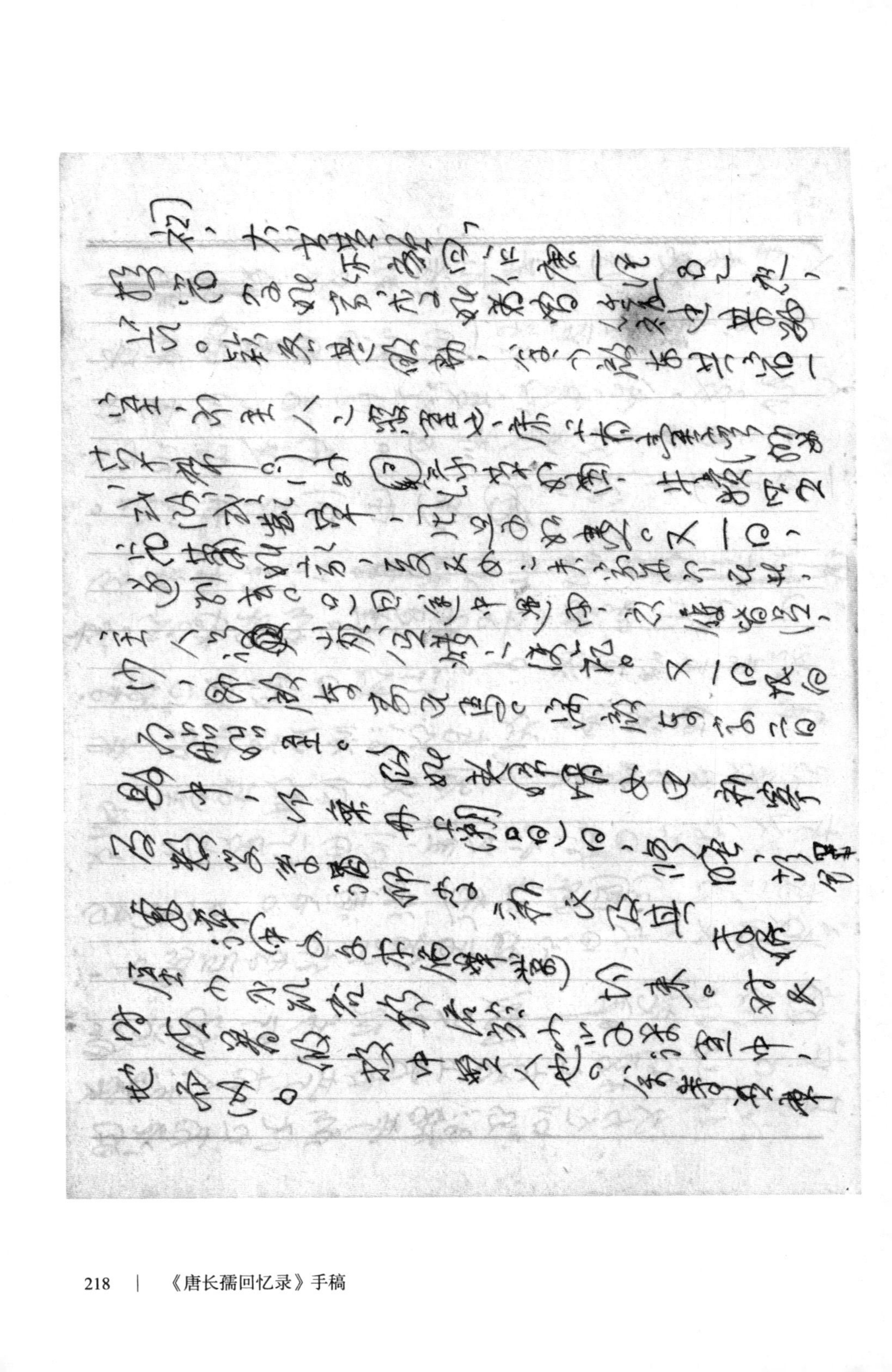

自芦前后七八日间，前线战讯一无所知。至此，
始知徐蚌战局有变，甚危险。火车仍通至冷水
滩。余等欲西行，需利用此车至冷水以达我
东安，不过两日来，当地山岭，时有盗匪。
附搭旅客，余等乃约伴，不敢单行。
至白沙后，遇古某月余。其间一至初级学校
城内拜访神州诗佑、刘坤一曾孙等人，而
居以便而居，其他投者又数人，即七一家
常，内有大代[illegible]款不贵，而余入此恶。居
住之后，就是之后，如学，曾共同设立
并补教大学成就，这之际，天与民
东方初友者，大革命时加入共产党，
共后被捕，隐匿国中七八年，西安事
变后，得以释放。十余路此始
复出。邵阳地方国治保教育部部长。
南中学，将来曾任校长，长沙
其，与以变化也，言不及安乡之新学

[illegible]

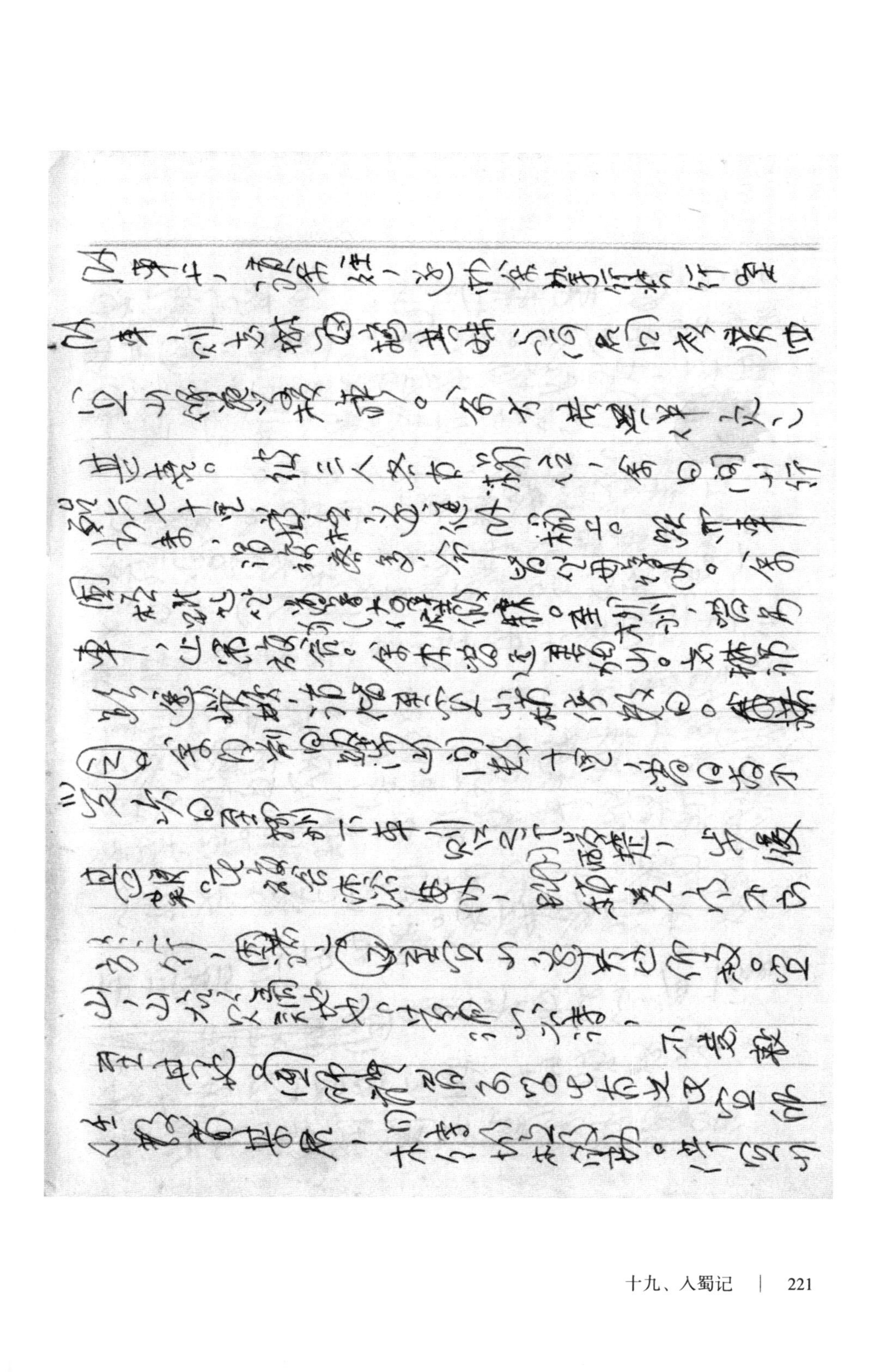

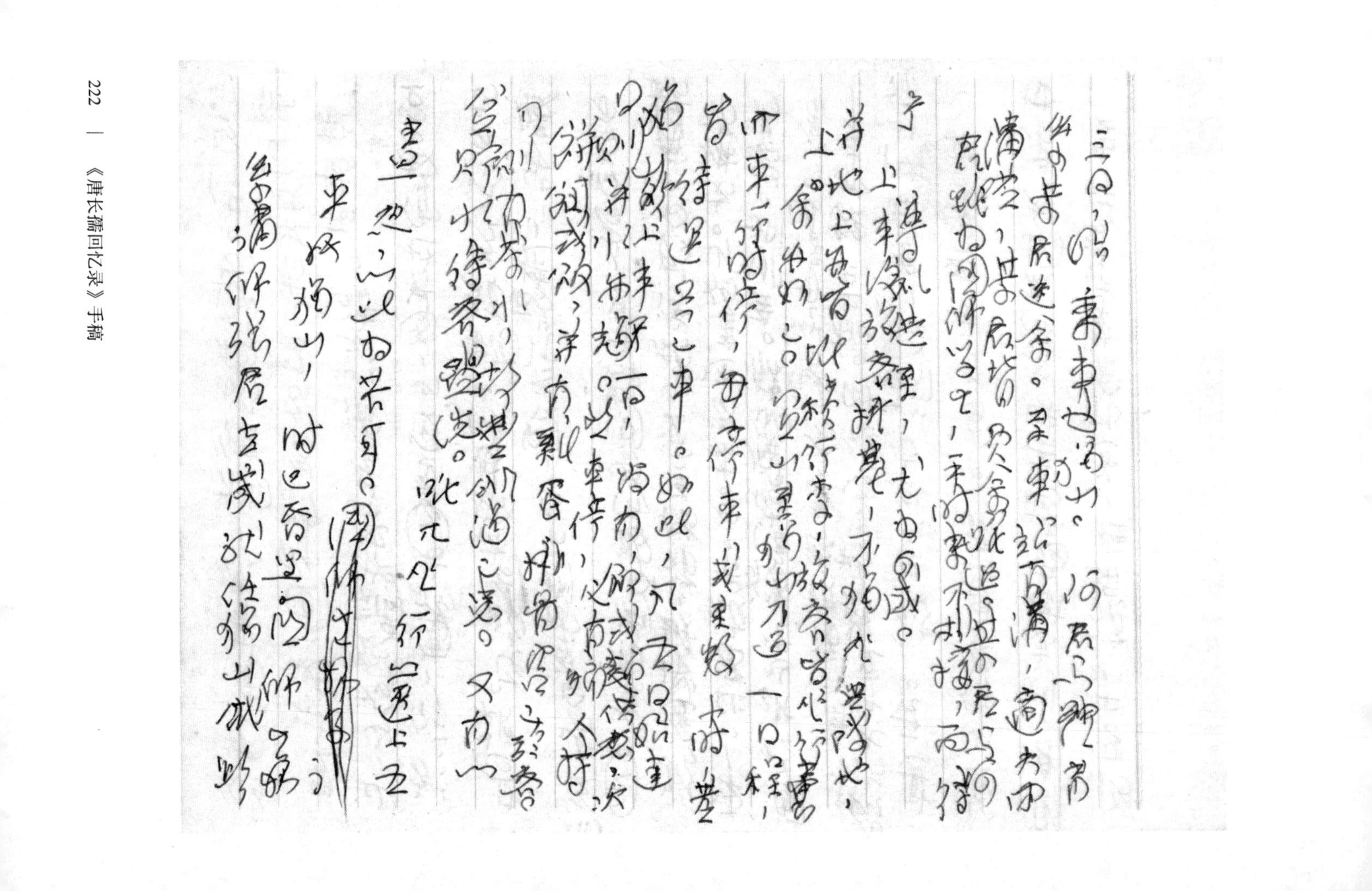

三日晨乘车出发，[illegible]

[illegible]

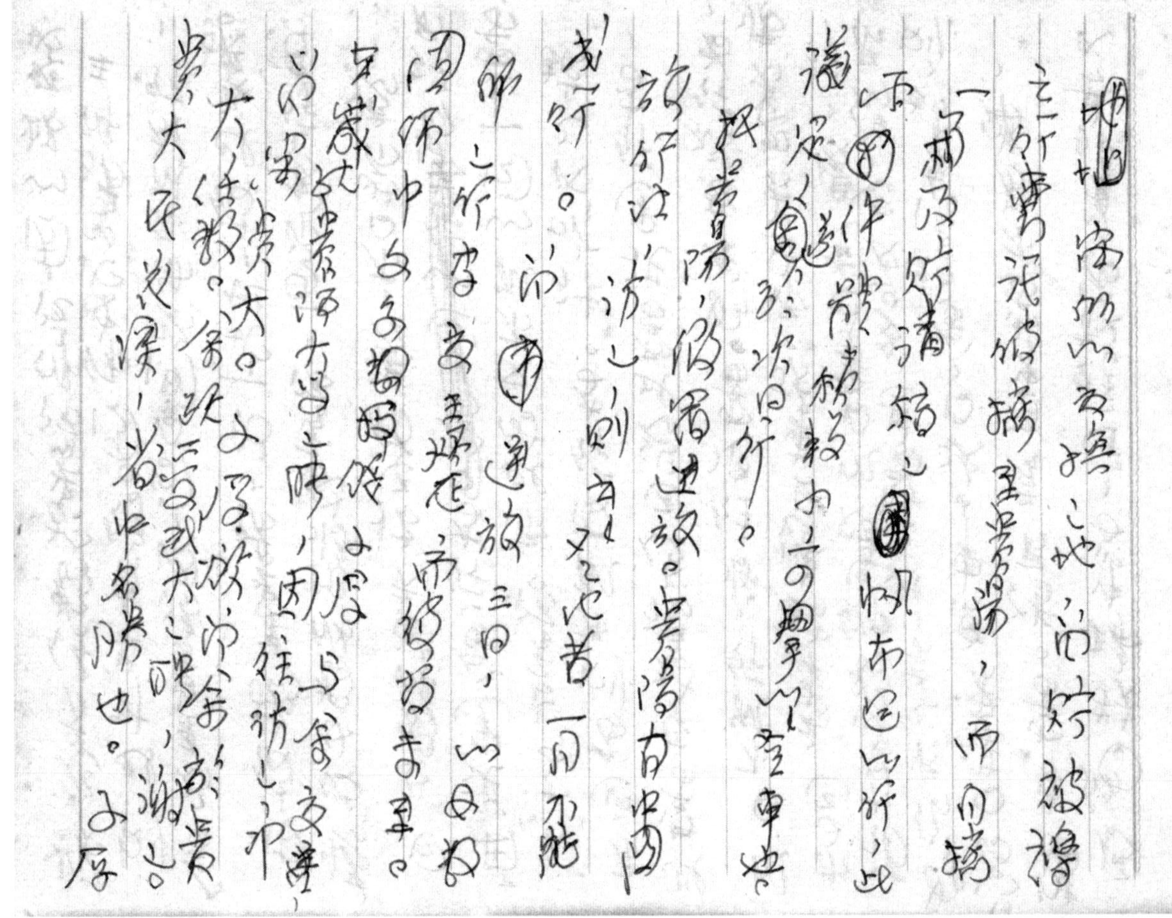

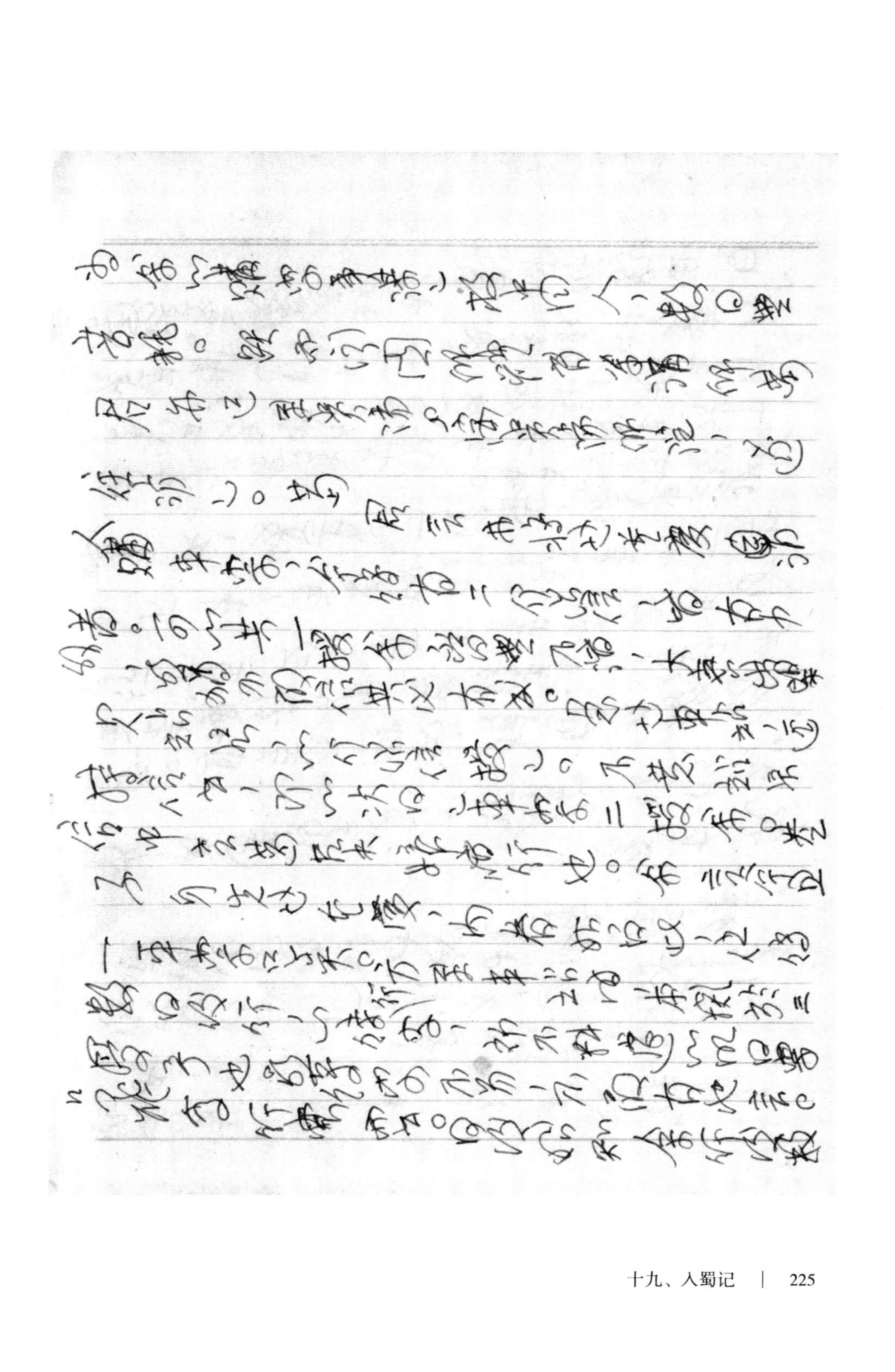

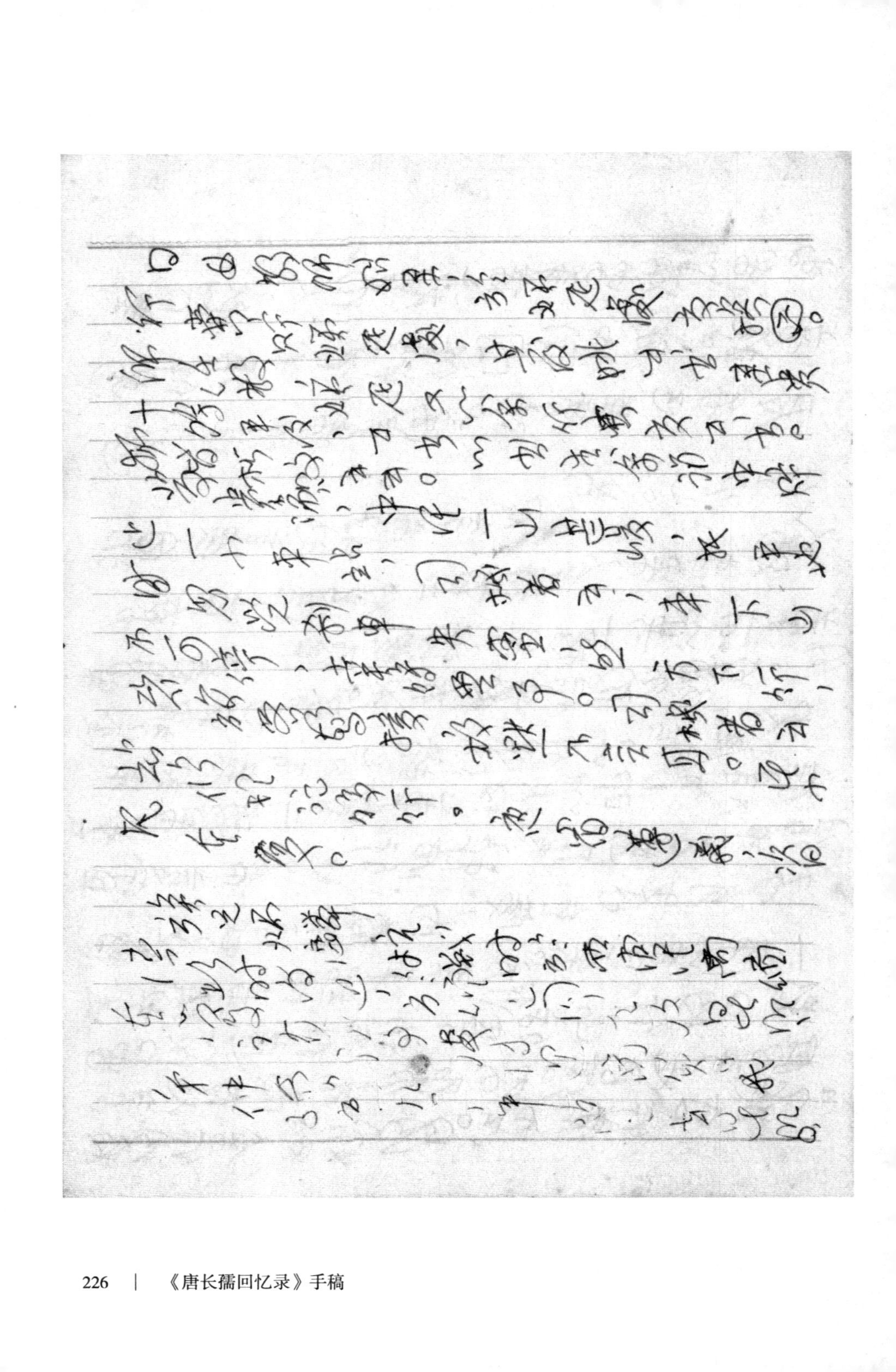

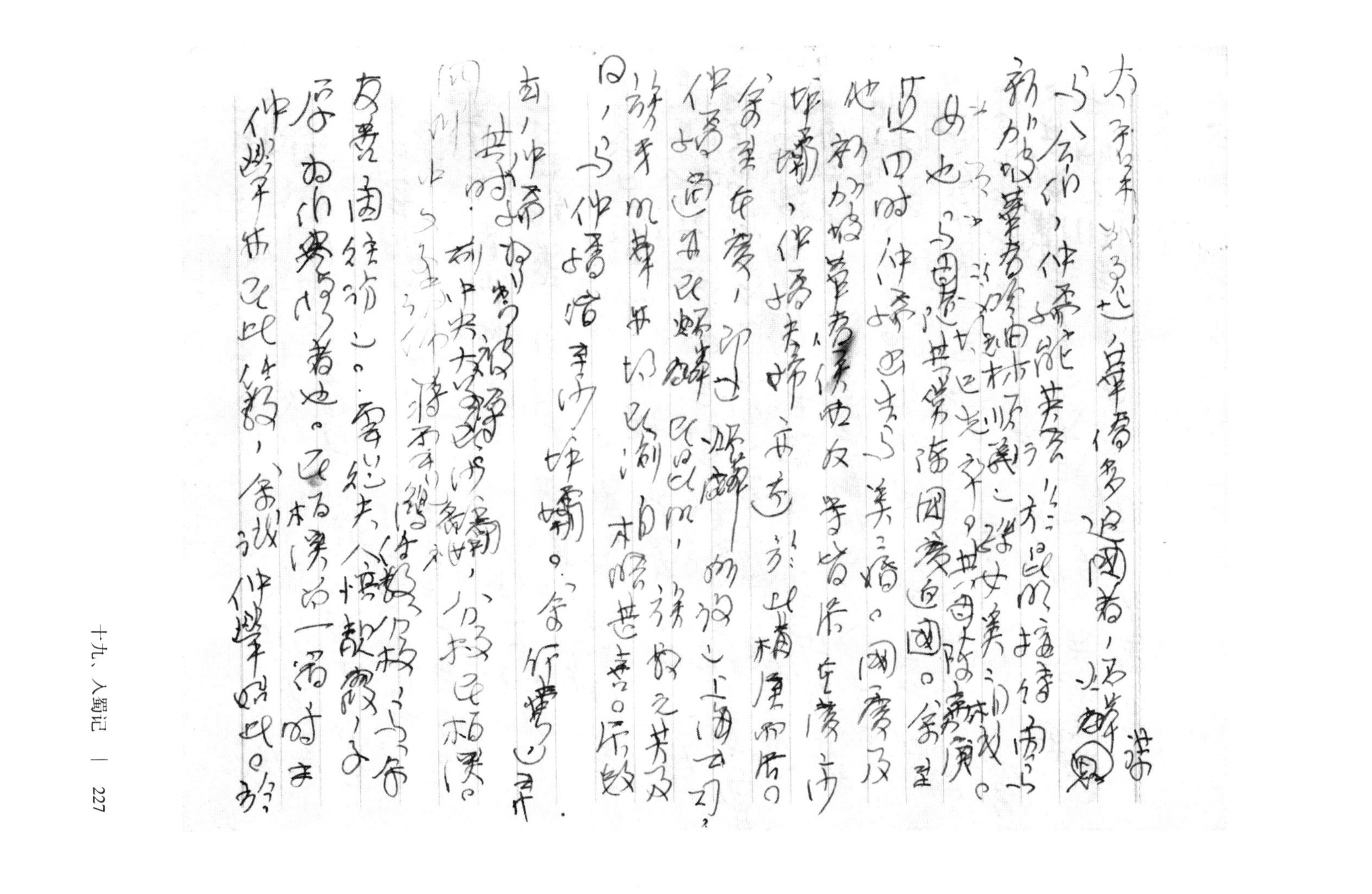

太宇来，[illegible]之。华侨多追随者，颇崇拜[illegible]。
与公伯，仲嫦能英文，于此间接待，内与
新加坡华侨[illegible]白林[illegible]义之，与女美[illegible]相识。
也。与周恩来共常游国，爱返国。余至
返回时，仲嫦出来，与美之婚。国庆及
他新加坡华侨[illegible]皆后[illegible]
其嫦，仲嫦来渝，亦来于此，精庐而居。
余至[illegible]，即已[illegible]嫁[illegible]
仲嫦[illegible]
[illegible]世[illegible]
与，仲嫦[illegible]。余[illegible]
[illegible]
[illegible]
友[illegible]
[illegible]一[illegible]时
仲[illegible]，余识仲[illegible]此。

亦空疏，同学有朱东润，知名
将军或大喑曰或大人事，其余陈君
条约，其后如何，朱本以武大中文
系，同学乃首，去南京至中央大学，后为
迷，言文大江之名，亦即都闻，当新西
，甚不安，亦不知所以。此道可
安以亦以人以以买者。人言商道讲
楚辞，同学之而然子之同样然之而北
京去之然，信字之自求。马汶君
潘楚辞至逸注寓于自序，乃以为手
由人名。若此之数。尚宝首曾
方新沙数，嘲而生者。
出汉口船至宜昌半月，乘船出宜昌
水行甚此，其上不易，乘船也船共十名
易得另船，
元但是。同船有山坊学
中学教人，曾介、张
校。以日常以人力车外行。

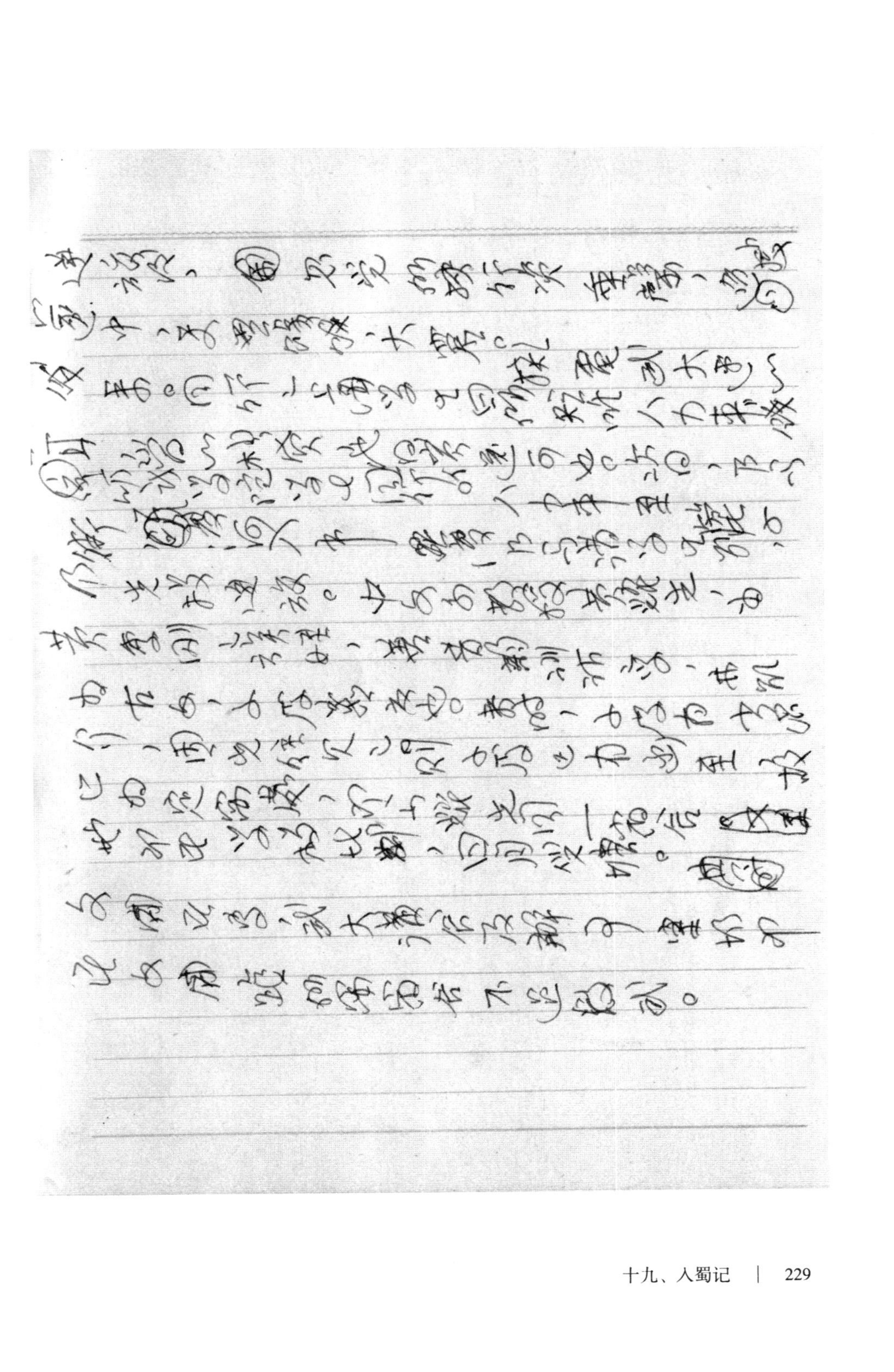